栄東高等学校

〒337-0054 埼玉県さいたま市見沼区砂町2-77（JR東大宮駅西口 徒歩8分）
◆アドミッションセンター TEL：048-666-9288 FAX：048-652-5811

CONTENTS

Success15 12

http://success.waseda-ac.net/

サクセス15
December 2020

表紙：東京学芸大学附属高等学校

「with コロナ」で迎える高校入試

いよいよ高校入試が近づいてきました。今回の入試では新型コロナウイルス感染症予防の観点も手伝い、入試本番にいたっても昨年とは異なる部分が多々出てきそうです。いったいどんな変化があるのか、受験生にとってはかなり気になる点だと思います。そこで巻頭にあたって、現在までに判明している情報を中心に分析し、少しでもみなさんの「安心」につながるように整理してお知らせしたいと思います。

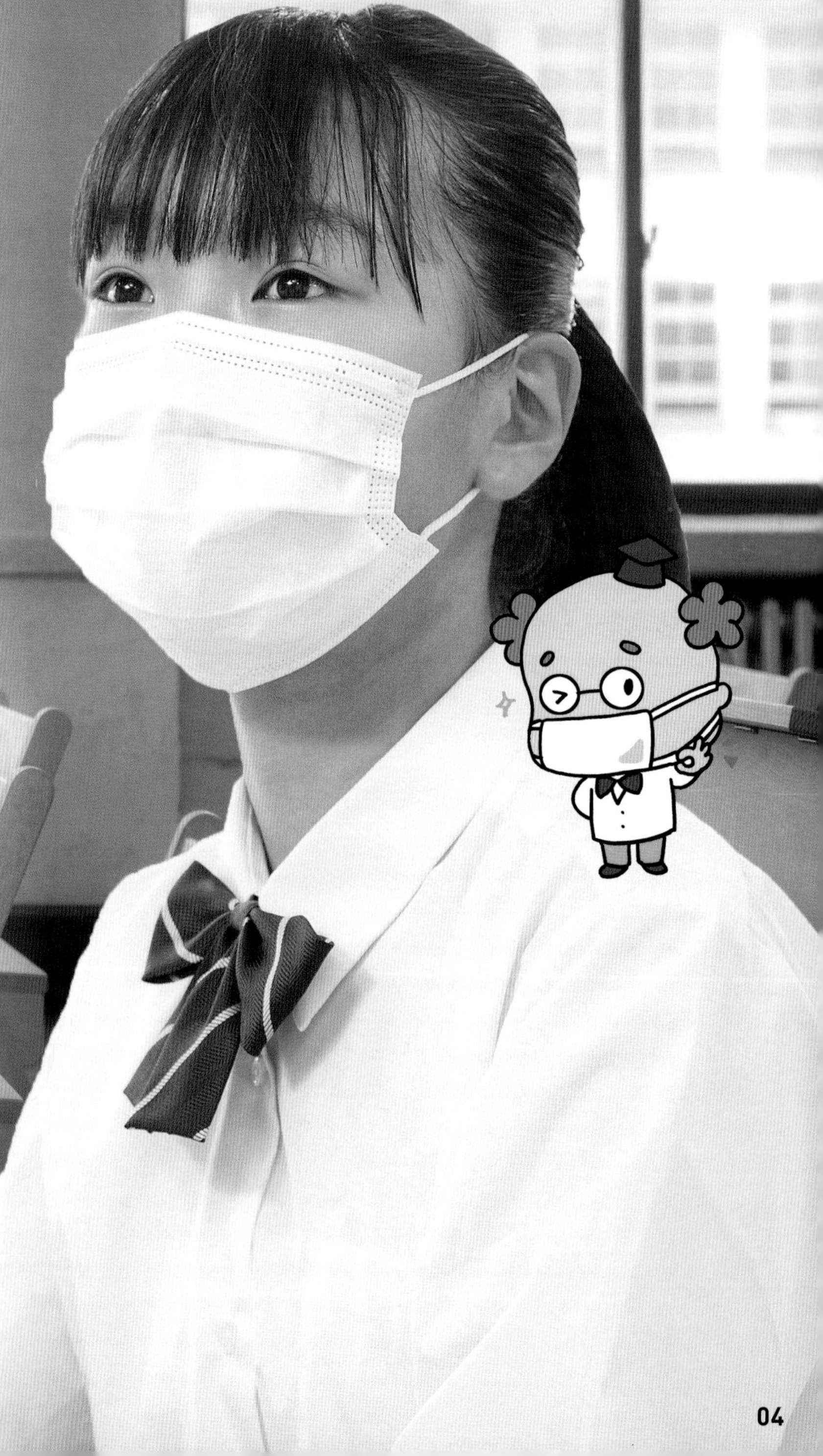

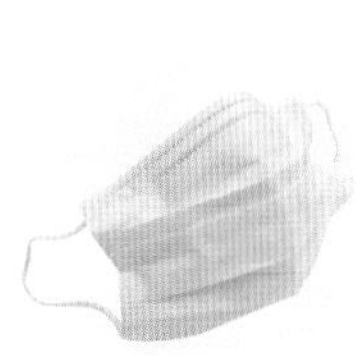

今回の入試はどのように行われるか

都立高校推薦入試では集団討論取りやめ

今年の受験生は、入試に向けての不安を胸に秘めたまま、それぞれ受験対策を進めてきました。

さらに不安なのは出願から入試当日までの一連の事情がどう変化するのかが、未だわからないことです。しかし、10月のうちには各都県の教育委員会、また私立各校から入試概要が発表されると思われます。

東京都教育委員会は9月、「密」を避けるため、推薦入試での集団討論を取りやめることを発表し（その他の個人面接などは実施）。さらに2日間にわたっていた推薦入試日程も、各校で工夫して1日で終えられるようにするとのことです。

各都県の公立高校は出題範囲を縮小

また既報の通り、各都県の公立高校では、学力検査において中3の学習内容の一部を出題範囲から除外することが発表されています。

私立高校の出題範囲については各校でマチマチです。それぞれのホームページで調べましょう。

さらに今後のコロナ禍の状況次第では、公立私立を問わず、日程や選抜方法等が見直される可能性も示唆されています。これも最新情報について、各校ホームページでこまめにチェックしてください。

出願について、東京都立は推薦入試、一般入試とも窓口での受付を取りやめ、各校が指定する学校近隣の郵便局への郵送受付となります。窓口での保護者、受験生の「密」を避けるためのものです。

なお、都立立川高では、インターネット出願も試行します。

私立高校については、すでに窓口出願はほとんどなくなり、インターネット出願となっています。

都立高校は合格発表について例年の各校掲示板（インターネット発表併用の学校もあり）での発表のほかに、インターネットでも全校で発表することにしました。

千葉県の公立高校入試は2021年度入試で大きな改革が行われますが（2回あった選抜回数が本検査1回〜2日間〜になる

範囲や方法は私立ではマチマチ

など）、2日目に実施される「各校が定める検査」のなかには面接のほかに、東京都立では中止された集団討論が含まれているため、今後の動きが注目されますが、本誌締め切りの10月13日現在、変更の情報は入っていません。志願手続きは各校窓口持参・郵送の併用です（志願先変更の際は窓口持参のみ）。

　埼玉県公立では面接を取りやめた学校がある一方、上尾橘、いずみ、入間向陽等いくつかの学校では面接を行うとしています。各校の実施要項を調べましょう。調査書のうち、部活動等の評価は、3年生での活動は含めません。志願手続きは千葉同様に各校窓口持参・郵送の併用です（志願先変更の際は窓口持参のみ）。

　神奈川県公立では、クリエイティブスクールを除く全日制各校とも面接を実施することになっています。志願手続きは窓口のみで受験料を添えて納付します。

　埼玉、神奈川とも本誌締め切りまでに変更の情報はありません。

　これとは別に、注目されていた私立高校のオンライン入試は、不正防止の観点から実施に踏みきる学校の情報は聞こえてきません。

　東京の一部の私立高校では、一般入試を書類審査のみとし面接を取りやめた学校があります。その詳細は、併願優遇で書類審査のみ（登校はせず調査書と課題作文等）、学校での入試は「オープン入試」として3教科の学力検査の結果のみ、とするなど神奈川方式の採用で登校する受験生数を絞り、ソーシャルディスタンスに配慮する実施形式です。

当日に気をつけたいこと

　高校受験では公立高校と私立高校、少なくとも2校を併願すると思います。私立高校を本命とする人の併願校はもう少し増えるでしょう。ですから、各校受験の際の「密」、つまり人との接触には十分気をつけましょう。

　罹患《りかん》してしまい、本命校の入試を棒に振ることほど残念なことはありません。

　公共交通機関を避け、自家用車で学校近くまで送ってもらうという方法も例年なら遅刻の懸念《けねん》からおすすめできませんが、今回ばかりは別でしょう。ただし、保護者が学校に近づくことは各校とも「ご遠慮願いたい」とのことですから注意が必要です。

もしも罹患のときには

　入試直前、もし受験校に罹患者が出たらどうなるのか。公立高校について各教育委

「with コロナ」で迎える高校入試

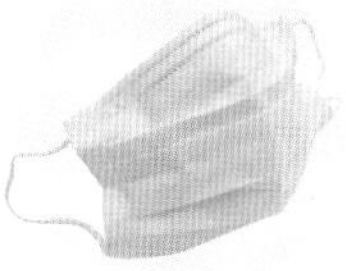

員会からの発表はありませんが、私立高校については「別会場を用意する」学校と、「2日間休校として全施設を消毒する」学校とがあります。ただ態度を保留している学校も多くなっています（本誌調べ）。

公立高校の場合は、近隣の公立高校に会場を移し、2校が同時に入試を実施する方法も考えられます。過去には新設校の施設がそろわず別の公立高校を会場に2校が入試を実施した例が多くあります。

いずれにしろ、入試日直前に判明の場合は、日程がずれることは仕方がないでしょう。公立高校の場合には追試験の日に実施ということも十分考えられます。

学校側ではなく、もし自分や家族が罹患した場合はどうでしょう。これは10月に入って大学入学共通テストでの考え方が発表されていますので、これに準ずるのではないかと考えられます。

それによれば、濃厚接触した受験生について、文部科学省は無症状で陰性が確認されたことを条件に大学入学共通テストの受験を別室で認める方向です。

発症してしまっている場合は、病状が快復してから改めて追試験を受けることになります。各校の追試験日程を確認しておきましょう。

なお、年末年始に感染症が蔓延《まんえん》する事態となった場合は、入試全体の日程が延期される可能性もあります。また、私立高校の推薦入試等での面接については、オンライン面接を実施する学校があるかもしれません。

この苦しい1年間を過ごしてきた受験生は「同志」でもあります。

最後の最後まで、お互いに気をつけて「罹患せず罹患させず」。達成感のあるゴールをめざしましょう。

もし受験校に罹患者が出たら
私立高校
●別会場を用意する
●休校にして全施設を消毒する
など
公立高校
●近隣の学校に移して2校同時に実施する
など
もし自分や家族が罹患したら
濃厚接触した受験生の場合
無症状・陰性
大学入学共通テスト同様に受験を別室で認める
陽性
症状が快復してから追試験を実施

「withコロナ」のなかで高校に進む君たちへ

いま「コロナに克つ」ことの意味が問われている

森上教育研究所 所長
森上展安

ここからのページでは、コロナ禍のなかで入試本番を迎えるにあたっての注意点と、受験勉強中、さらにつながる高校進学後の心の持ちようについて、森上教育研究所の森上展安所長にお話ししていただきます。要はコロナ禍を悲観せず、どうしたら逆転してプラスに転じることができるのかを考える思考力と、それをベースにした前向きな姿勢が大切だということです。

「withコロナ」の真っただ中入試に立ち向かう君たちへ

私立高校の入試について、とくに神奈川ではいわゆる「書類選考」といわれる入試形態が隆盛となっています。

それは中学校在学中の成績の書類を提出するのみで合否

「with コロナ」のなかで 高校に進む君たちへ

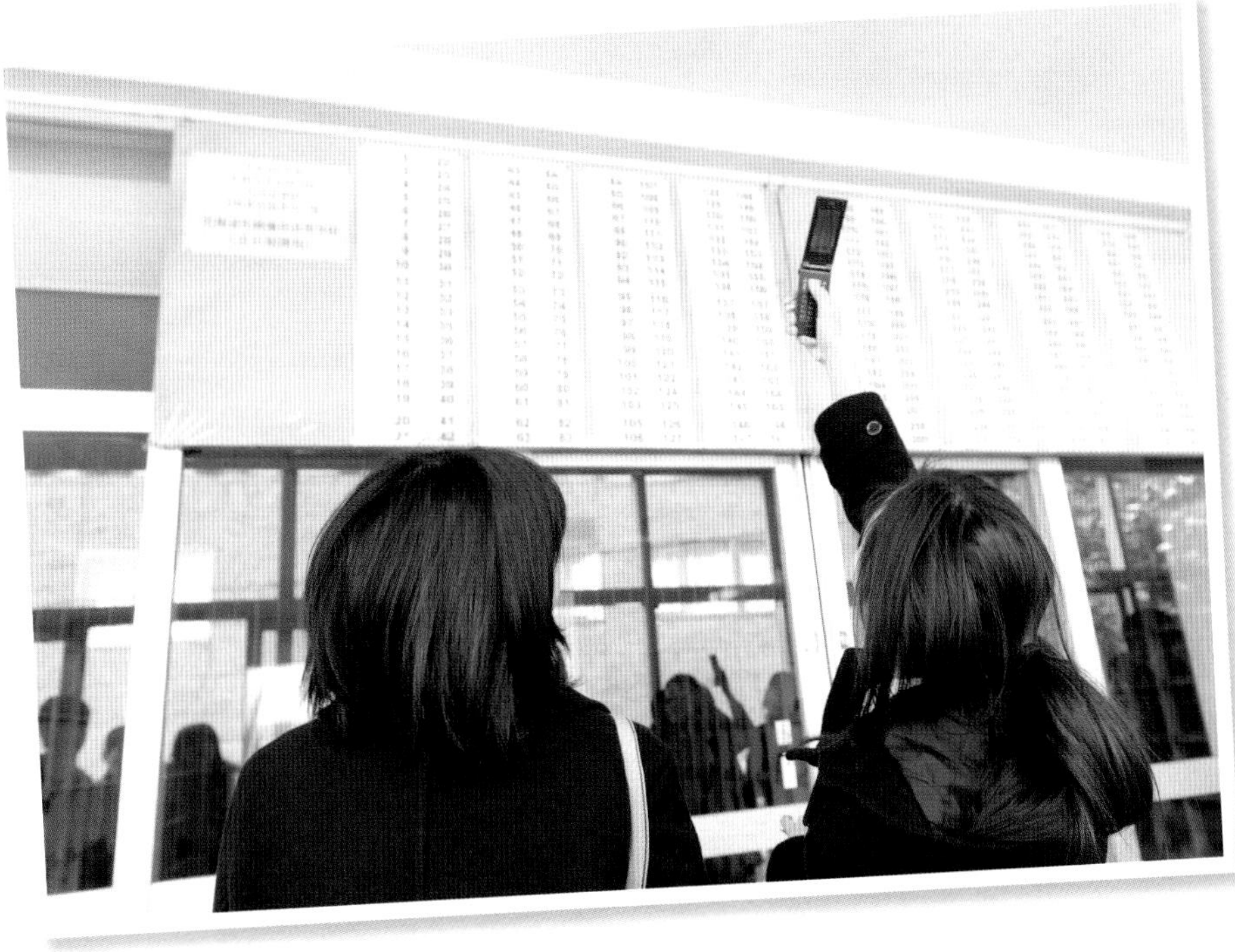

判断をいただける、じつに簡便な入試です。

そんななかで過日、神奈川で公立トップ高校との併願校として名があがる山手学院は、書類選考に走らず本来の学力入試を重視するとのこと。その姿勢が塾関係者から高い評価を受けている、といった話を伺いました。

やはり山手学院のような上位校と呼んでいい学校となると、きちんとした学力試験による選抜で合否を決めないと、社会的にも客観的にも選抜という基準に耐えられないのではないかと思うところです。

しかし、なぜそういったことがいまさら話題になるかといえば、新型コロナウイルス感染症対策が、迎える入試に与える影響についての関心が高いからです。

コロナ禍とはいえ、入試そのものでコロナ感染が生じては一大事です。

その意味で「書類選考」はこの時節、いたって便利な選抜方法といえ、それが定着しつつあった神奈川の私立高校入試は「ｗｉｔｈコロナ」の時代の入試としてまさに適切なシステムを準備していた、ともいえますね。

とはいえ神奈川以外の都県での一般入試は、となれば従来型の入試です。

入試会場でのソーシャルディスタンスは十分準備されるでしょうから、行き帰りの公共交通機関利用は避け、なるべく家の人に学校近くまで自家用車で送迎してもらいましょう。もちろん交通渋滞には十分注意し、余裕を持って出かけるべきではあります。

しかし、そこまでしてもなお、万一感染したらどうするかは念頭においておくべきでしょう。

じつは学校側は本稿執筆時点（9月末）では追試をやるかについて態度保留が大勢です。

とはいえ入試当日、単純な棄権ではなくインフルエンザやコロナ感染の場合、どう対処してもらえるか、またいずれか不明な症状ではあっても、当日の対応は学校ごとに決まっているはずで、別室受験なのか、後日受験なのか事前に確認しておきましょう。

後日受験となると他校併願との兼ねあいが難しいこともありえるでしょうし、そもそもモチベーションの維持

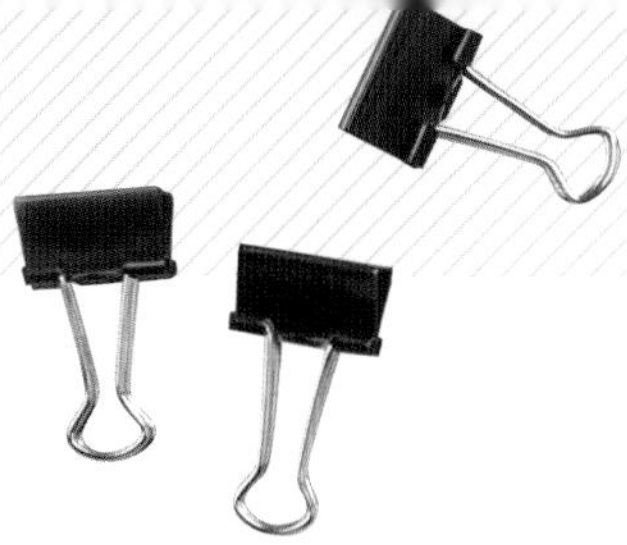

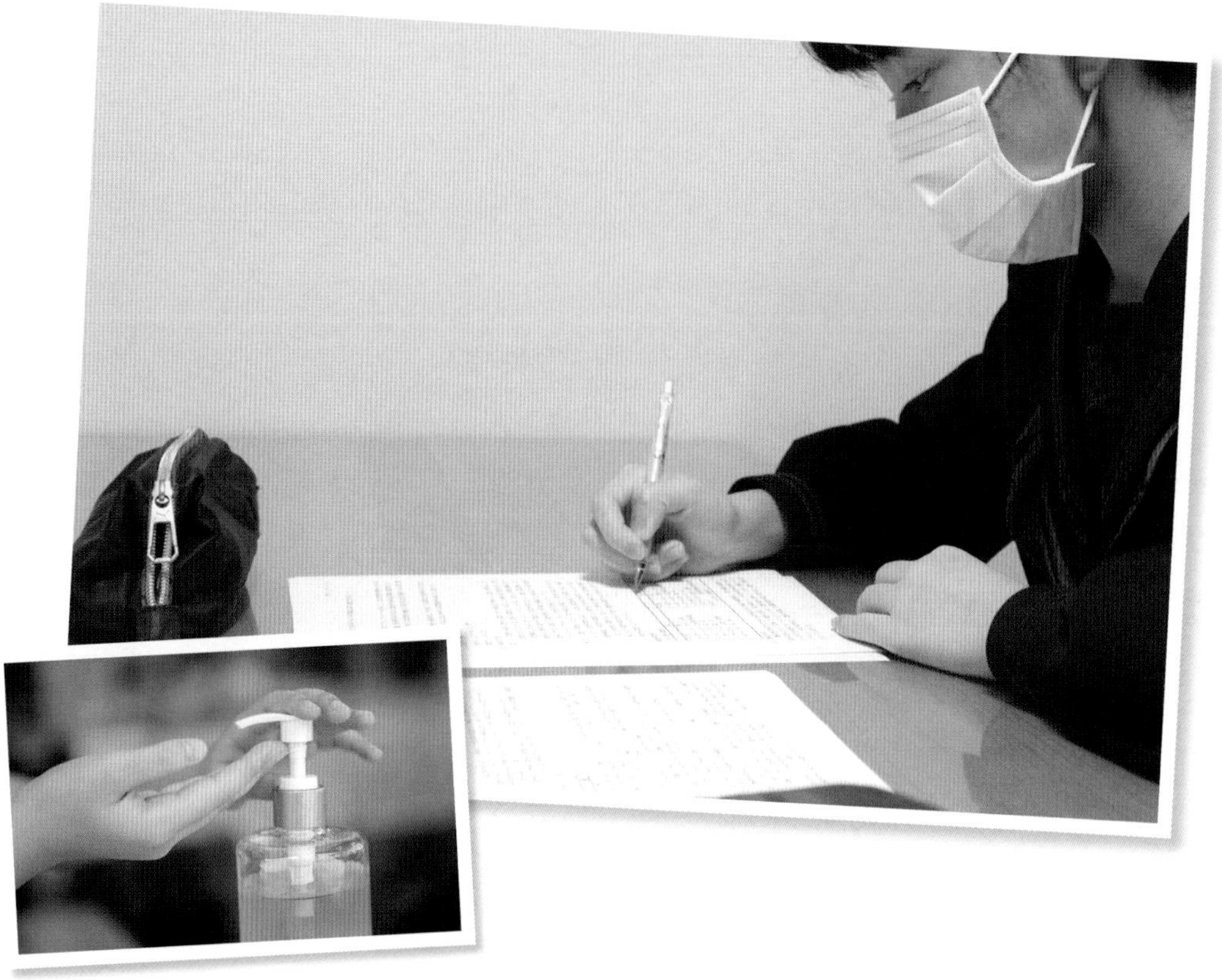

が大変になります。

入試のやり方についても、例えば私立の推薦入試など面接のみの場合はオンラインでの受験ということも起きるかもしれません（ただ多くは神奈川のような書類選考に移行するものと考えられますが）。事前確認をしっかりしましょう。

受験勉強も高校生活も学習をどう組み立てるかがカギ

さて、いまは入試対応のことが当面の話題となりますが、入学できたとしてその後、完全なスタイルの学校授業が行われるかも不明です。むしろ来年度もオフラインとオンラインとの併用という事情は変わらないとも思われます。

となると目下取り組んでいる受験勉強においても、学習のマネジメント（管理）をしっかり自身のこととして組み立てる必要があります。

つまりどの時間にどの科目のＶＯＤ（ビデオオンデマンド）を視聴するか、その前後の予復習をいつやるか、ライブの双方向授業の場合もその予復習をいつやるか、いずれもオンライン授業になってから、気づいたり生じてきた問題です。

受験勉強を進めるなかで今年の受験生はこうしたオンライン授業も経験してきたことでしょうから、このように書いてもピンとこないという人は少ないはずです。

オンライン授業で、不登校の生徒も授業に参加できるようになったという話はよく聞きます。一方で一日中ＰＣの前に座っているので、「うつ」症状になりかけた、というケースも耳にします。

「with コロナ」のなかで
高校に進む君たちへ

このようにオンライン授業はface to faceではないために緊張しないで済むメリットもあれば、face to faceでないためにかえって緊張が解けない、ということもあるようです。

「withコロナ」のいまだからこそ
プラス思考も大切

「withコロナ」のなかで始まる高校生活を嘆いてばかりでは損です。「withコロナ」だからこそよかった、といえることを探してみましょう。そんなプラス思考も、これからのみなさんにとって大切な心がまえといえます。

じつはインターネットとコンピューターはみなさんの「これから」にとっても大切なツールですから、この機会にリテラシーを上げるように取り組んでください。

とくに英語での活用や、個別授業での活用はいわばオンラインの得意分野ですし、このコロナ禍の唯一といってよいメリットですから、ぜひやってみてください。

さらにいえば、これら個別授業は塾のサービスばかりでなく、学校の授業ともつながるものですからしっかり活用するスタイルを身につけましょう。

ところでご家庭の状況がこのコロナ禍で経済的に立ちゆかなくなることもおありかもしれません。就学支援金制度の充実で私立高校での費用負担もかなり少なくなりました。

多くの私立高校はコンピューターリテラシーが充実していますし、このコロナ禍でいっそう拍車がかかりました。

むしろトータルで考えれば私立高校のお得度はこのコロナ禍で増したように思います。今年の文化祭は中学生が外部から参加できるところがほとんどなく、WEB上での開催にした学校もありました。

年内にこうした機会がいくつあるかはわかりませんが、志望校のWEBをのぞいてみて、コンピューターリテラシーの充実度をチェックしてみましょう。

いまもこれからも難しいのはSNSの利用です。目下はとくに犯罪に利用されることがたびたびなので、そうしたマナーも含めてリテラシーを上げていく必要があります。基本中の基本ですが「自らが能動的主体的に動くことがすなわちリテラシーを上げていくことだ」ということを繰り返し確認し、前に進んでください。

これまでとはそこが違います。疑問を持てばどんどん自分で調べることができるのです。問題を自ら発見する姿勢を身につけてください。受け身ばかりではなく入試の先を見据えてこそ「コロナに克つ」ことになります。

森上教育研究所
1988年、森上展安氏によって設立。受験と教育に関する調査、コンサルティング分野を開拓。私学向けの月刊誌のほか、森上を著者に教育関連図書を数多く刊行。

真の国際人を目指して。

「充実した日本の教育」と「本場の英語教育」を両立し、世界で活躍できる真の素養を育みます。

- 文部科学省認定、海外最初の全寮制日本人学校
- 入学時に特に高い英語力や資格は必要ありません
- 広大で緑豊かなキャンパス
- 保護者が日本在住でも入学が可能です

2021年度一般入試および4月編入学試験（日本在住でも受験できます）

	A日程		B日程		2021年度4月編入
	中学部	高等部	中学部	高等部	
出願期間	2020年11月9日（月）～2020年11月27日（金）［必着］		2021年1月6日（水）～2021年1月15日（金）［必着］		2021年1月4日（月）～ 2021年1月8日（金）［必着］
募集人数	第1学年 約10名	第1学年 約20名	第1学年 約5名	第1学年 約10名	小学部5・6年、中学部2・3年、 高等部2年それぞれ若干名
選考期日・会場	2020年12月13日（日） 於：立教池袋中学校・ 高等学校（予定）	《日本受験の場合》 2020年12月13日（日） 於：立教池袋中学校・ 高等学校（予定） 《英国受験の場合》 今年度は中止いたします。	《日本受験の場合》 2021年1月24日（日） 於：立教池袋中学校・ 高等学校（予定） 《英国受験の場合》 2021年1月24日（日） 於：立教英国学院 本校	2021年1月24日（日） 於：立教池袋中学校・ 高等学校（予定）	《日本受験の場合》 2021年1月24日（日） 於：立教池袋中学校・ 高等学校（予定） 《英国受験の場合》 書類審査合格後、ご相談します。

詳細は本校Webサイトをご覧ください。

オンライン学校説明会

本学Webサイト上に「オンライン学校説明会」の特集ページ・動画を掲載しています。ぜひ一度ご覧ください。

オンライン学校説明会特集ページ

立教英国学院

―立教大学系属校 創立1972年―

小学部（5・6年）
中学部
高等部

https://www.rikkyo.co.uk

お問い合わせ先（東京事務所）
Tel. 03-3985-2785
E-mail: tokyo@rikkyo.uk

見るだけじゃもったいない！

見どころ満載の「城」をもっと楽しもう！

日本が誇る歴史的建造物である「城」。直接訪れたことはなくても、テレビや本などで一度は目にしたことがあるのではないでしょうか。そしてその大きさや美しさに目を奪われる人も多いと思います。じつは、城にはそれ以外にもたくさんの魅力があります。今回は、お城博士として城にまつわる様々な企画に携わっていらっしゃる日本城郭協会理事・加藤理文さんにお話を伺いました。なお、紹介する城のなかには建物が現存せず、すでに城跡のみのものも含まれます。

掲載写真はすべて加藤氏提供

彦根城（滋賀県）

城のことを知ろう

みなさんは「城」と聞くとどんなものをイメージしますか？
そもそも城とはどんなものをさすのか知っていますか？
まずは加藤さんから城にまつわる様々な知識を学びましょう。

城＝戦《いくさ》に備えた施設だった!?

「城の大部分は、自然の地形（山、川、崖、谷など）を上手に活かして、守りやすく攻めにくいように改造しただけの施設でした。日本で最も多く城が造られたのは戦国時代で、全国のあちこちに土造りの城ができたものです。なかには数時間だけしか使わない簡易な城もあって、当時はとにかく戦闘が自分たちに有利に働くようにした施設＝城といえました。その後、土木技術や建築技術が発展したことで城のなかに人が長く住めるようになりました。平和な世が到来すると、城が政治の場になったのです。私たちが城と思っているのは、平和な世になって造られたものといえます」

城には天守や石垣がないものもある!?

「『土』という部首がついていることからもわかるように、土を盛った防御施設があれば、それは『城』と認識していいんですよ。土を盛れば、当然土を掘ることにもなりますから、掘った場所が自然と堀になります。『城』と聞くと、天守や櫓《やぐら》、門、石垣があるものをイメージするかもしれませんが、日本の城で石垣を持つ城は、３％もないかもしれません。全国には４～５万の城がありますが、そのほとんどが土でできた城なのです」

堀　：敵から城を守るために、城の周りに掘られた溝。
天守：ひときわ高く築いた城の象徴。天守閣とも。
櫓　：防御や物見のために建てられた施設。様々な種類がある。
石垣：石や岩を積み上げて作った壁。

城にも種類がある!?

一般的に城は立地によって山城・平山城・平城という区分があります。加藤さんによると山城と平山城は明確には区分できないそうですが、ここでは時代の流れに沿って、３種類の城の特徴を紹介します。

備中松山城（岡山県）

通常100～200m級の独立した山頂部や、高い山から派生する尾根上の先端部やピークに築かれていた城。最大の特徴は、守りやすく攻めにくいという立地にあります。

「自然の崖や谷地形を取り込みつつ防御性を高める構造ですが、防御性のみを重視して場所を選んだわけではありません。最も重要な点は、周辺が見渡せる視界の広がりにありました。眼下に広がる平坦部全域のみならず、押さえるべき街道、河川や入り江が監視できる立地こそが山城の命だったのです。写真の備中松山城のほか、岐阜城（岐阜県）、竹田城（兵庫県）、高取城（奈良県）などが代表例です」

城のなかにも色々な工夫が！

「天守が現存する12の城のうち、とくに凝った構造の城を２つ紹介しましょう。１つ目は松江城（島根県）で、付櫓《つけやぐら》から天守入口まで、横、背後、そして正面といたるところから攻撃可能な施設を設けています。とくに、付櫓の左右に設けられた『石打ち棚』は、大型の隠し狭間《さま》のようで、近づく敵にはまったく見えない構造です。また、姫路城（兵庫県）の『石打ち棚』は、窓が高いため、階段を昇って外を攻撃する施設で、下部にも扉を設け、ここからも攻撃可能な工夫が凝らされています」

付　　櫓：天守入口の防備を強化するための櫓
石打ち棚：窓などから投石するために設けられた棚
狭　　間：内部から外をうかがったり、矢などで攻撃するために城壁、櫓の壁面に開けた穴や窓

松江城石打ち棚

姫路城４階石打ち棚

城は不便なところに造るもの!?

「城は不便で住むのは嫌だなあ、と大部分の人が思うところ（例えば高い山の上）に９割以上が存在していました。人が簡単に来たり、なかに入ったりできたら、すぐに負けてしまいます。戦闘に勝つために、苦労に苦労を重ねてやっと訪ねることができるような場所に造っていたのです。

地の利を活かして築かれた城のなかでも必見は、２度も徳川の大軍を阻んだ上田城（長野県）です。千曲川の河岸段丘という非常に険しい土地を巧みに取り込んだ城は、真田昌幸の築城術のすばらしさの一端を示します。もう１つ、築城名人と呼ばれた藤堂高虎が、瀬戸内海の水を取り込んで三重の堀をめぐらせた今治城※（愛媛県）も、海を思わせる広大な水堀と高石垣が、見事というほかありません」

※写真は17ページ

大阪城（大阪府）

統一政権誕生によって出現する平城は、土木建築技術が進展したことによって造ることが可能になった城で、大阪城もその１つ。

「とくに石垣構築技術の発展が大きく影響していて、自然の山や丘を利用することなく、どこにでも城を築けるようになりました。毛利輝元によって築かれた広島城（広島県）は、島普請と呼ばれ、太田川河口デルタを埋め立て、石垣で囲い込み、すべての防備と塁、堀を基礎から築き上げました。また、高松城（香川県）に代表される海や湖を利用した城は、海を埋め立て広大な城地を確保する大土木工事によって、建設が可能となった城です」

和歌山城（和歌山県）

戦乱の世が終息を迎え、軍事色の強い山城に代わって出現したのが平山城です。平山城は、居住と領国支配を優先するため丘陵部に築かれました。

「丘陵部に築かれた城郭部分を水堀で囲い、山麓平野部には城下町を設け、それらを丸ごと取り囲む惣構（そうがまえ）も発達しました。近世にいたると独立した平野の丘陵の上に築かれるケースが増加します。上記の和歌山城をはじめ松江城、姫路城、高知城（高知県）、丸亀城（香川県）など、現存する天守を持つ大部分の城があてはまります」

城を楽しむための3STEP

続いて、城を楽しむためのポイントを紹介してもらいました。
３つのSTEPに沿ってみていきましょう。そのほか、現地を訪れなくても
自宅で楽しめる方法もご紹介しているので、ぜひ試してみてください。

STEP 1 歴史を知って楽しむ

「城は戦いのための施設として造られたことから、戦闘的役割を担う石垣や堀、土塁などを見比べて楽しむことができます。また、織田信長や真田信繁、上杉謙信など多くの武将たちが命を懸けて、自分の領土を広げようとして築いたという歴史背景を調べると、城への興味関心が一段と深まると思います。

ちなみに、城が最も多く造られたのは前述の通り戦国時代ですが、わが国が最も軍事的緊張関係にさらされたのは、663年の白村江の戦に敗れたあと。大陸から唐・新羅の連合軍が攻め寄せる可能性があったため、対馬や九州、瀬戸内海に多くの古代山城が築かれたのです。長崎県の金田城、福岡県・佐賀県の基肄城《きいじょう》は、いまでも見事な石垣が残っています」

土塁：土を盛り上げたことでできた土製の壁

基肄城の石垣

金田城の石垣

天守　松江城

石垣　丸亀城

門　二条城唐門（京都府）

門と櫓　大阪城千貫櫓と大手口

STEP2 見た目を楽しむ

「一方で城は、城主が自分の権力と財力を人々に知らしめようと知恵を絞って築いた面もあるため、日本を代表する芸術品ともいえます。例えば天守は、他を圧倒する大きさで、巨大な入母屋《いりもや》破風《はふ》や華頭窓《かとうまど》を採用することで、美しさを醸し出しています。人々が、城といえば天守を思い浮かべるのは、シンボルとして見せるために造られたからなのです。

そして天守だけでなく、軍事施設として築かれた櫓や門、土塀、高い石垣や広い堀など、城を守るための工夫が城にはあふれています。こうした城本来の軍事的な施設も、平和な世になると見た目の美しさも求められたのです。戦闘的でありながら、美しい建築を見るのも楽しみの１つです」

破　風：屋根の側面にできる三角形の部分（写真㊧天守の矢印部分）
大手口：城の正面入口のことで、ここに設けられた門は大手門という（写真㊧門と櫓の矢印部分）

見るだけじゃもったいない！
見どころ満載の「城」をもっと楽しもう！

今治城

STEP3 絶景とのコラボレーションを楽しむ

「さらに城を魅力的にしてくれるのが、絶景との融合です。桜色に染まる天守や櫓、海や川の水に洗われる石垣、雲海に浮かぶ城跡、新緑に彩られた土塀…それぞれが一編の詩歌のような景観を生み出しています。城跡から広がる絶景もまた、城の持つ魅力的な風景となっています。四季がある日本にじつに見事にマッチしているのが城だと感じるのは私だけではないでしょう。桜、夏空、紅葉、そして雪、どれもが城の美しさを際立たせています」

加藤さんおすすめの季節 × 城

春 桜がきれいな弘前城（青森県）と姫路城。伊予松山城（愛媛県）も◎。

夏 南アルプスを借景にした松本城（長野県）。夏空に映えるのは広大な水堀に囲まれた今治城や広島城。

秋 紅葉が見事な山城の備中松山城や郡上八幡城（岐阜県）。

冬 初冬の竹田城、越前大野城（福井県）。北国の会津若松城（福島県）。雪の犬山城（愛知県）。

番外編 疑似体験をして楽しむ

「城は、つねに攻め寄せる敵に対し、正面からではなく、側面や頭の上から攻撃できるようにしています。城を訪ねたら、ぜひ自分がいまどこから狙われているか、考えてみましょう。本丸にたどり着くまでに、驚くほど、横や上から攻撃されることに気づくはずです。これこそ、城攻めを体感できる城の見方です」

＼こんな楽しみ方も！／

家にいながらにして城を楽しむコンテンツとしておすすめなのが、城の魅力を発信するWEBサイト**「城びと」**です。訪れた城の記録や投稿が自由にできるほか、全国にある3000の城の情報やイベントなど、城好きに役立つ情報が満載です。そのなかで加藤さんは**「理文先生のお城がっこう」**という小中学生向けのページを連載中。わかりやすく、城の歴史や構造を解説しています。

また、加藤さんも開発に携わった**『はじめてのお城ガイドマップ』**（東北新社）は、「お城めぐりの初心者が、お城のスペシャリストと一緒にお城めぐりを楽しむ」ために作られたものですが、マップ上のQRコードを読み込めば各城の注目ポイントを動画で解説してくれる仕様なので、実際に城を訪れたかのような体験ができます。

そのほか、**「日本100名城・続日本100名城」のスタンプラリー**や、御朱印のお城版である**「御城印」収集**、毎年行われる城好きのためのイベント**「お城EXPO」**（2020年は12月18日(金)～12月20日(日)に開催予定）などもおすすめとのこと。城の楽しみ方は多岐にわたります。

※イベントは中止の可能性があります。必ず事前にHPで確認をお願いします。

加藤さんが選ぶ 日本の城7選

最後に、加藤さんがおすすめする城と、その見どころを写真とともに掲載します。
誌面を通して、城が持つ歴史の尊さ、美しさ、雄大さなどを
感じてもらえれば嬉しいです。

⬇姫路城（兵庫県姫路市）

「言わずと知れた世界遺産で国宝。わが国で最もかつての姿を現在にとどめる城です。白漆喰総塗籠造の城の代表として、舞い立つ白鷺にたとえられ、現存する城郭建築として日本一の規模を誇ります。白亜の五重天守と、重なりあうように見える門や土塀、石垣は見事な造形美を見せています。迷路のような通路は、天守に近づくことを阻んでおり、数多くの門を突破しないとなかなかたどり着くことができない軍事的側面を体験できる城でもあります」

白漆喰総塗籠造（しろしっくいそうぬりごめづくり）：
外壁すべての表面を漆喰で仕上げる工法

⬆熊本城（熊本県熊本市）

「白亜の姫路城に対して、漆黒の下見板張の城として、加藤清正が心血を注いで築き、西南戦争の際に西郷隆盛が落とせなかった鉄壁の守りを誇ったのが大城郭の熊本城です。清正流のそそり立つ高石垣と、真黒な城は、いかにも無骨な戦闘本位の美しさを醸し出しています。白と黒の対極をなす２つの城は、まさに『見た目の美しさ』を楽しめる城です」

➡松本城（長野県松本市）

「北アルプスを借景にした姿は、春夏秋冬を問わず美しい。天守は西から望むと『無骨で戦闘的な石川時代』（戦国時代）が、南から望むと『風雅で開放的な松平時代』（江戸時代）が実感されます。白漆喰壁の上に、朱塗の欄干の縁側を持つ月見櫓と、石落としが無い辰巳付櫓が江戸時代に新たに付設されたことで、平和な時代の開放的な天守の姿を垣間見ることができます」

石川時代：1590年～92年の城主・石川数正、息子・康永（～1613年）の時代
松平時代：1633年～1638年の城主・松平直政の時代
欄　干：人が落ちるのを防ぐために橋・階段などの縁につけられた柵
石落とし：城壁を登ってくる敵を真上から攻撃するための仕掛け

Q&A

Q これまで日本全国、何城くらいのお城を訪れたのでしょうか？

A お城に興味をいだいたのが、小学校5年生でした。そのころから、現在まで数えたことはありませんが、数百城は行っていると思います。1つの城に何十回も行くこともありますから、のべ数に換算し直したら1000回は城に行っているかもしれません。同じ城でも、自分が勉強を重ねたことで見方が変わりますので、その都度違って見えるのが楽しみの1つになっています。

Q そのなかで一番印象に残っているお城はどれですか？

A これは難しいですね…（笑）。中学生のときは、岐阜城の高さや姫路城の美しさ、漆黒の姿の松本城に目を奪われましたが、いまは予想もしない発見に驚かされます。ここ数年で、インパクトがあったのは次の3つの城です。

①小牧山城（愛知県）の織田信長の巨石を用いた石垣。

②浜松城（静岡県）天守曲輪の、石塁に囲まれた姿。

③駿府城（静岡県）にて徳川家康の天守台[※1]の下で発見された、織豊期[※2]の天守台。

Q 建造物として老朽化は避けられま

※1　天守の下にある石垣造りの土台　　※2　織田信長と豊臣秀吉が政権を握っていた安土桃山時代のこと

見るだけじゃもったいない！

見どころ満載の「城」をもっと楽しもう！

苗木城（岐阜県中津川市）

「木曽川に面した岩盤が露頭する高森山の山頂部を中心に、岩盤と組みあわせた石垣を築き、平場を確保するために自然地形を巧みに取り込んだ珍しい城です。天守や櫓などの建物は、面積が少ないため、崖から斜面に突き出して築く懸造でした。現在は、建物は残っていませんが、露頭する岩盤と石垣は、圧倒的な迫力です」

懸造（かけづくり）：崖や池などの上に建物を長い柱と貫で固定し、床下を支える建築方法

能島城《のしま》（愛媛県今治市）

「14世紀なかばから活躍した能島村上水軍（村上海賊）の拠点となった能島城は、一島をそのまま城とした珍しい城です。堀は、瀬戸内海で、島の周りは潮流が渦巻き、近づくことさえ難しくなっています。瀬戸内海には、こうした城が点在しています」

竹田城（兵庫県朝来市）

「標高353.7mの古城山山頂に築かれた山城で、城下からも圧倒的な規模の石垣を見ることができます。城は、天守台・本丸を中心に、三方に向けて放射状に曲輪が配置されており、縄張りの規模は東西に約100m、南北に約400mで、建物は残されていませんが、見事な石垣がかつての姿をとどめています。また、朝霧が竹田城跡を取り囲み、まるで雲海に浮かぶように見える姿から、いつのころからか『天空の城』と呼ばれるようになりました」

曲輪（くるわ）：城のなかに造られた区画のこと。本丸に近いところから、「二の丸」「三の丸」と呼ぶ。

今帰仁城《なきじんじょう》（沖縄県今帰仁村）

「世界遺産『琉球王国のグスク及び関連遺産群』の1つで、14世紀に琉球王国が成立する以前から存在していた北山の国王・北山王の居城です。本部半島にある標高約100mの高台に築かれ、広さは4ha。曲がりくねったグスク独特の堅牢な造りをした城壁は全長1.5㎞にわたります。城跡から望んだ東シナ海と曲がりくねった城壁は、まさに絶景です」

そのほか関東圏で加藤さんおすすめの城

- **小田原城**（神奈川県小田原市）
- **八王子城**（東京都八王子市）
- **佐倉城**（千葉県佐倉市）
- **石垣山城**（神奈川県小田原市）
- **滝山城**（東京都八王子市）
- **箕輪城**（群馬県高崎市）
- **小机城**（神奈川県横浜市）
- **杉山城**（埼玉県嵐山町）
- **金山城**（群馬県太田市）

関東地方の城は、石垣の城より土造りの城が多く残されているそう。いまの情勢ではなかなか訪れるのが難しいですが、いつか自由に訪れられるようになったら、ぜひ見学に行ってみてください。

せんが、お城を遺すうえでどんなことに気をつけるべきですか？

Ⓐどんな建物でも老朽化はするので、昔通りの技術で修理を重ねていくことが大切だと思います。昔通りの方法で修理することで、当時の人々がどのくらい苦労して、どのくらいの年月をかけて造ったかがわかりますし、建設技術を未来へ受け継いでいくこともできます。それと、日本人は木のぬくもりを大切にする民族であることも後の世に伝えていきたいと考えています。

Ⓠ最後に読者へのメッセージをお願いします。

Ⓐ中学時代は、無理して深く掘り下げて調べる必要はありませんが、自分から興味を持って色々なことを調べてみると、それが一生の楽しみになったりします。綺麗だとか、かっこいいで十分ですから、自分なりに楽しんでみてください。

また、同じものに興味を持つ友人を探して、いっしょに出かけたり、調べたりすると、知識を補いあうことができて、より興味や関心が高まるのでおすすめです。自分では考えもしなかった別の見方をしていることに気づくことも多いですよ。人から学ぶことも、1つの楽しみです。

HK
HIROO
GAKUEN
KOISHIKAWA
小石川の地に新たな広尾学園が誕生します。
国際化が進み多様性が求められる時代。
本物に触れ、本物を目指す教育で生徒一人ひとりが、
それぞれの思いを抱き本物への道を歩けるように。
高校説明会 各日 14：30～
11/21 SAT 11/28 SAT
12/5 SAT
※説明会日程等は変更になる場合がございますので詳細は本校HPをご確認ください。

Link to the Future

THE SECOND KYORITSU GIRLS' SENIOR HIGH SCHOOL

共立女子第二の特徴

- 母体の共立女子学園は 130 年を超える歴史を持つ女子教育の伝統校
- 抜群の自然環境と学習環境の、東京ドーム５個分の広大なキャンパス
- 高１は特別進学・総合進学の２コースを設置、きめ細やかな進学指導
- 高２・高３は５種類のコース制カリキュラムにより多様な志望に対応
- 現役進学率約 95%。外部大学と共立女子大学へほぼ半数ずつ進学
- 入試の成績により入学金や授業料などを免除する充実した奨学金制度
- 通学は無料のスクールバスを利用、非常時にも迅速に対応

※説明会などのご参加は原則として予約制とさせていただいております。
※詳細のご確認、およびご予約については公式ホームページをご覧ください。
※ご来校の際はスクールバス（無料）をご利用ください。自家用車でもご来校いただけます。

EVENTS

■学校説明会・相談会
11/20（金）18:00 ナイト説明会
11/21（土）14:00 説明会
11/28（土）14:00 説明会

■個別相談会
12/ 5（土）・12/7（月）～12/12（土）
12/17（木）～18（金）・12/26（土）
1/ 7（木）・1/16（土）

※ 中止・変更となるイベントが多くなっています。最新の情報をホームページでご確認ください。

共立女子第二高等学校

JR中央線・横浜線・八高線「八王子駅」からスクールバス約20分
JR中央線・京王線「高尾駅」から徒歩とスクールバス約15分

〒193-8666　東京都八王子市元八王子町 1-710　TEL.042-661-9952

共立女子第二　検索

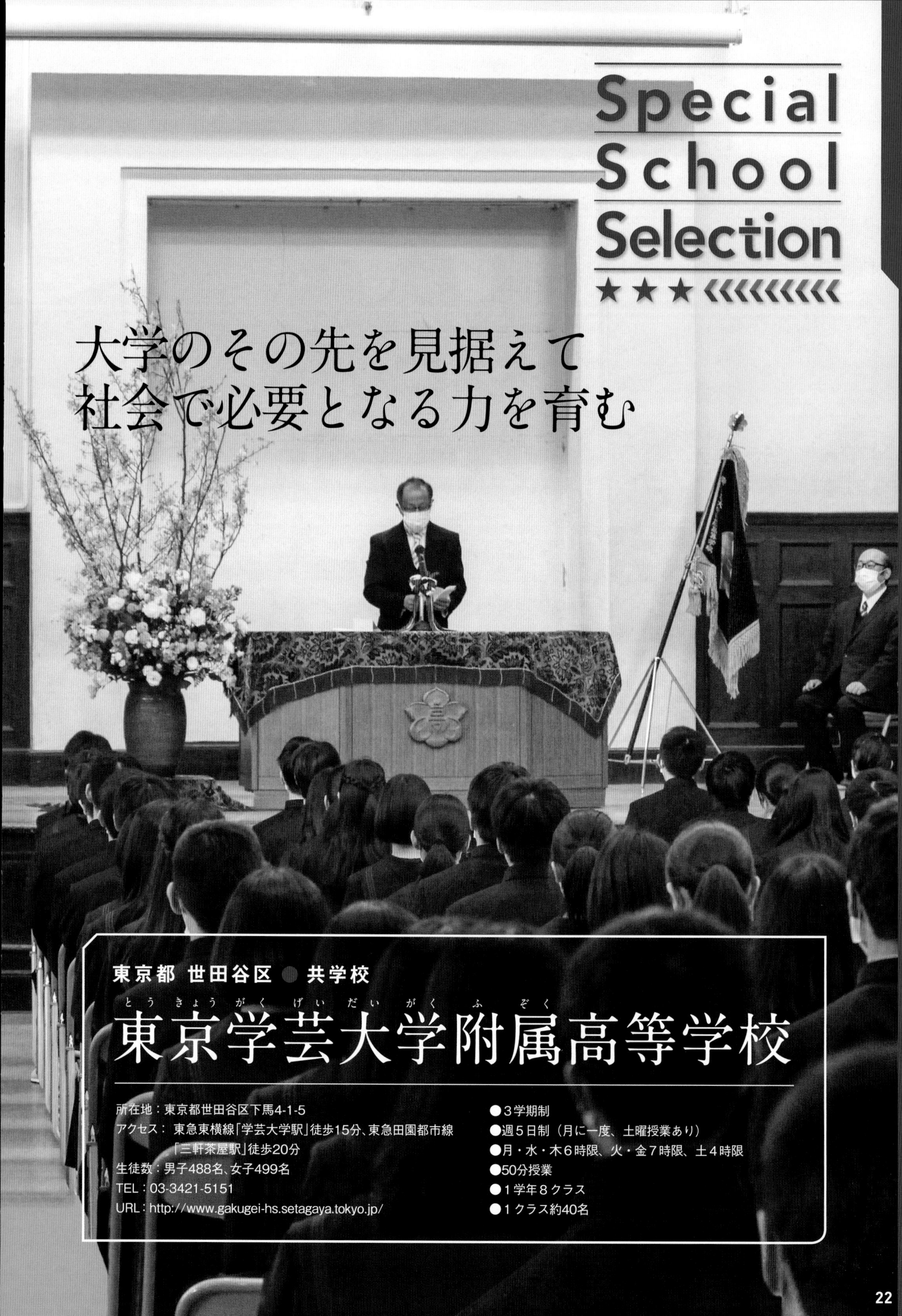

Special School Selection

★★★

大学のその先を見据えて 社会で必要となる力を育む

東京都 世田谷区 ● 共学校

東《とう》京《きょう》学《がく》芸《げい》大《だい》学《がく》附《ふ》属《ぞく》高等学校

所在地：東京都世田谷区下馬4-1-5
アクセス：東急東横線「学芸大学駅」徒歩15分、東急田園都市線「三軒茶屋駅」徒歩20分
生徒数：男子488名、女子499名
TEL：03-3421-5151
URL：http://www.gakugei-hs.setagaya.tokyo.jp/

- ●3学期制
- ●週5日制（月に一度、土曜授業あり）
- ●月・水・木6時限、火・金7時限、土4時限
- ●50分授業
- ●1学年8クラス
- ●1クラス約40名

「本物教育」をキーワードに日々の指導を展開する東京学芸大学附属高等学校。大学合格だけをめざすのではなくキャリア教育を充実させているのも魅力で、将来を見据えて様々な力を育成しています。

優先事項を見極め できることを考える

重厚で趣のある学び舎の東京学芸大学附属高等学校（以下、東京学芸大附属）は、閑静な住宅街の一角に位置しています。1954年の開校時は、世田谷区と文京区に分かれて2つの附属校がありましたが、東京学芸大学が1961年に小金井に移転した際、同大学が立地されていた世田谷の現在地に2校が統合されました。

教育方針には「清純な気品の高い人間を育てる」「大樹のように大きく伸びる自主的な人間を育てる」「世界性の豊かな人間を育てる」と掲げられています。

そして、「育てたい生徒像」には「多様な分野でイノベーションを引き起こし、国際社会に貢献する人間」とあります。

大野《おおの》 弘《ひろし》 校長先生

大野弘校長先生は「学習に加え、部活動や行事にも精一杯取り組むのが本校の生徒の姿勢です。部活動への加入率は9割を超えています。行事は残念ながら、今年度、新型コロナウイルス感染症拡大防止の観点から、体育祭や辛夷《こぶし》祭（文化祭）なども中止になっています。そんな状況ではありますが、生徒にはそのなかでもできることを考えようと伝えています。

一番優先されるのは生徒の安全です。彼らにも優先事項を見極められる力を身につけてほしいと思います。普段の学校生活においてもいえることですが、与えられた条件のなかで最高のものを作り上げることが大切ですから、いまなにができるかを考えつつ、優先順位を決めて行動してほしいです」と話されます。

幅広く学び 本物の学力を養う

東京学芸大附属では、附属中学校から進学してくる中入生と公立中学校から入学してくる高入生、そして帰国生が高1からともに学び、切磋琢磨しています。

カリキュラムは幅広い教養を身につけ、さらに専門性をも育むことを目的として作られています。高1・高2は芸術以外の全科目が必修で、高3では多彩な選択科目が用意されます。文系・理系のクラス分けは行われません。

大野校長先生は「変化の激しい現代では、身につけた知識や技術がすぐに古くなってしまう可能性があります。ですから、学ぶ姿勢を身につけ、どのように学ぶべきかの方法を知ることも重要だと考えています。

また、課題を見つける力の育成も重視しています。いまは情報があふれている時代ですから、そのなかから重要なものを見極められる力を養ってほしいと思います。授業においても、複数のデータを与え、そこからなにが読み取れるかを生徒自身に考えさせることを意識しています」と話されます。

実際の体験を 大切にした授業

授業のモットーは「本物教育」です。

社会では、地形と土地利用について考える地理実習や地層の観察

学校生活

例年、様々な行事が実施される東京学芸大附属。また、部活動も盛んで、入部率は9割を超えます。行事や部活動も大切な教育活動の一環と考えられています。

オーケストラ部

かるた会

スキー教室

辛夷祭（文化祭）

体育祭

を行う野外実習をはじめ、フィールドワークを大事にした教育活動が行われています。バリアフリーについて学んだ際には、その一環として目の不自由な方が行うスポーツを体験してみるといったこともしています。

また、理科では物理、化学、生物で毎週のように実験を行います。

「夏期講習などでも、実験講習を開き、普段よりも専門的な実験に取り組んでいます。実際に実験をすると、教科書に書いてあるようなはっきりした結果が出るとは限りません。しかし、実際の実験結果からいったいなにがわかるか、それを自分の頭で考えることが大切です」と大野校長先生。

そのほか、特徴的な授業としては、英語で、対面授業を行いつつ、チャットで教員に質問できるという取り組みがあります。

「クラスメイト全員の前で発言するのは苦手な生徒でも、チャットであれば気軽に質問ができます。普段からこうした環境を整えていたので、新型コロナウイルス感染症拡大防止のための休校措置をとっていた際も、授業動画の配信、オンラインでの朝礼や双方向の質

ホッケー部

学習旅行

避難訓練

2020年度の入学式のひとコマ。ソーシャルディスタンス（社会的距離）を取って安全を確保しつつ新入生を迎えました。

問タイムなどを設けて、生徒をサポートできました」（大野校長先生）

幅広いテーマに対応する高1・高2の探究活動

東京学芸大附属は、2012年度からスーパーサイエンスハイスクール（SSH）に継続指定されています。「イノベーションを創出する理系人材の育成」「科学的理解に基づいて行動できる市民の育成」をめざし、様々なプログラムを用意しています。

月に一度、土曜日に実施する「探究活動（高1・高2必修）」では、まず探究の基礎を学びテーマを設定、その後、調査・研究を行っていきます。

全教員に加え外部の大学や研究機関の専門家からも指導を受けることができるため、分野を制限されることなく、自分の興味・関心に沿ったテーマを設定することが可能です。

これまでのテーマも、「植物ホルモンの効率的抽出（化学）」「竜巻の人工発生（地学）」「刑法における正当防衛に関する研究（法律）」「効率の良い覚え方（教育学・心理学）」など、幅広い分野にわたっています。

探究の成果は、タイのプリンセス・チュラポーン・サイエンスハイスクール・チェンライ校（PCSHSCR）との交流の際にも発表しています。

タイとは交流が盛んで、学習旅行（修学旅行）の行き先の1つとなっており、現地ではフィールドワークも行っています。

探究活動以外にも、大学の教授や研究者の講演を聞き、科学的理解を深める「特別授業」などが定期的に実施されます。

1、2　PCを使った授業　3、4、5　探究活動
6　地理実習　7　地学実習

「SSHでの取り組みを通して、生徒には論理的な思考力を身につけてほしいと思います。こうした力は、希望する進路が文系であっても理系であっても、必要となる力です」と大野校長先生は話されます。

進路指導ではキャリア教育を意識

ここまで紹介してきた「本物教育」を通して「本物の学力」を身につけられる東京学芸大附属。進路指導は、志望大学への合格だけでなく、キャリア教育も重視されたものとなっています。

例えば、例年進路講演会が高1で1回、高2で2回実施されています。医学、法曹、メディア、建築、企業経営など幅広い分野で活躍する卒業生から話を聞きます。

4年前からは「医学部ガイダンス」も始められました。

「医学部進学を希望するということは職業を選ぶことにつながりますから、医師の仕事をしっかりと理解する必要があります。そのために、医学部で学んでいる方、すでに医師として働いている方、双方の話を聞く機会を設けます。どちらも卒業生が協力してくれています。

生徒には医学部で学ぶこと、医師として働くこと、どちらの大変さ、大切さも知ったうえで、医師として社会に貢献したいという熱い思いを持って進路を決めてほしいです」（大野校長先生）

そのほか、東京工業大学と連携したプログラムもあります。東京学芸大附属生を含め、色々な高校から選抜された生徒が集まり2泊3日の合宿を行います（2020年度はオンラインにて実施）。同大学の教授から指導を受けつつ実験や実習に取り組みます。各校から10名ほどが参加でき、選抜された生徒は特別入試で東京工業大学へ進むことができます。

このように、東京学芸大附属は、大学卒業後の将来を見据えた教育を行い、生徒のこれからの人生に必要な様々な力を育んでいます。

「本校の生徒は、知的好奇心が旺盛で、非常に冒険心に富んでいるのが特徴です。その思いに応えられる教育を用意しています。基礎基本をしっかり身につけ、そのうえで、わからないことがあったら、自ら調べさらに深く学ぶ、そんな学習意欲を持った生徒さんを待っています。現代はグローバルな社会ですから、多様性を受け入れる柔軟さも大切にしてください」（大野校長先生）

多彩な教育プログラム

東京学芸大附属には、本物の学力を養う通常の授業に加え、SSHでの探究活動や国際交流など、様々なプログラムが用意されています。

写真提供：東京学芸大学附属高等学校（写真は過年度を含む）

■2020年3月卒業生 大学合格実績抜粋（　）内は既卒

国公立大学		私立大学	
大学名	合格者数	大学名	合格者数
東北大	5（1）	早稲田大	123（56）
筑波大	6（2）	慶應義塾大	102（46）
東京大	28（12）	上智大	35（17）
東京医科歯科大	5（2）	東京理科大	76（39）
東京外国語大	9（5）	青山学院大	31（11）
東京学芸大	5（0）	中央大	61（39）
東京工業大	11（2）	法政大	26（18）
一橋大	7（3）	明治大	78（45）
お茶の水女子大	2（1）	立教大	33（22）
千葉大	10（4）	学習院大	9（5）
京都大	9（4）	国際基督教大	3（1）

公立高校WATCHING

東京都立　共学校

青《あお》山《やま》高等学校

大胆な改革が功を奏し 進学実績が飛躍的に向上

生徒1人ひとりの学習意欲を高める改革により、難関国公立大学の合格実績が伸び続けている東京都立青山高等学校。新たな大学入試を見据えた独自のテストを実施するなど、時代の変化に応じて進化を遂げている学校です。

学力を伸ばした 3つの要因

緑豊かな神宮外苑に隣接する東京都立青山高等学校（以下、青山）。1940年に東京市赤坂区（現・東京都港区）に東京府立第十五中学校として開校後、学制改革や現在地移転などを経て、2020年に創立80周年を迎えました。

「健康な身体をつくり、知性をたかめ、情操を豊かにし、個性をのばし、社会性をつちかう」を教育目標に掲げ、「知・徳・体の均衡ある全人教育」をめざす青山は、2016年に小澤哲郎校長先生が赴任して以降、進学実績が着実に向上しています。

その要因としてあげられるのが

1．専門性の高い教員によるエビデンスに基づいた質の高い授業

2．土曜授業や土曜講習による学

小《お》澤《ざわ》 哲《てつ》郎《ろう》 校長先生

所在地：東京都渋谷区神宮前2-1-8
アクセス：地下鉄銀座線「外苑前駅」徒歩3分、都営大江戸線「国立競技場駅」・JR中央線・総武線「信濃町駅」「千駄ヶ谷駅」徒歩15分
ＴＥＬ：03-3404-7801
生徒数：男子456名、女子421名
ＵＲＬ：http://www.aoyama-h.metro.tokyo.jp/

- ３学期制
- 週５日制
- 月～金曜６時限（高２は７・８時限に選択科目）、土曜３時限（年間20回）
- 月～金曜50分授業、土曜70分授業
- １学年７クラス
- １クラス約40名

習時間の保障

3．充実した進路指導や午後8時までの自習室開放

の3点です。これらはすべて、小澤校長先生が着任されてから力を入れてきたものです。

「私は着任してから毎年、新入生を対象に、本校を志望した理由についてのアンケートをとっています。それによるとここ数年は『進学実績に惹かれた』という答えがかなり多くなっているんです。

外苑祭（文化祭）が有名な学校ではありますが、近年の大学合格実績の伸びから、そうした学習面・進路指導面を魅力に感じてくれた受験生・保護者の方が増えたということでしょう。

彼らの期待に応えるために、難関国公立大学への進学という高い志を持って学習に専念できるように、これからも教育環境を整備していきたいですし、本校は生徒の可能性を最大限に伸ばす学校でありたいと思っています。そのために、『AD ALTA 高きを望め青山で』（※）をスローガンとして掲げています。

いまは都立進学指導重点校7校のうち、日比谷、西、国立の3校とは差がありますが、ゆくゆくはその差も縮めていきたいと思います」と小澤校長先生は話されます。

※AD ALTA＝ラテン語で「高きを望め」の意

主体性を養う授業の工夫

カリキュラムは「国際社会で活躍できるリーダー」を育成するため、幅広い教養を身につけられるようにと、高1・高2は芸術科目以外は共通履修という形をとっています。そして、高3になると各自が進路方向によって選択科目を履修します。

一部教科では少人数授業や習熟度別授業を導入、早朝・放課後の講習に加え、長期休暇中にも毎年多くの講座を開講する青山は、自習室にも特徴があります。小澤校長先生の発案により、4人がけの机を仕切り板によって1人1席に分けたことで利用者が急増したのだといいます。

小澤校長先生は授業について、「本校の授業では、なにもかも教え込むのではなく、生徒自身が考える時間を設けることを大切にしています。これは宿題でも同様です。教員が宿題を課して、生徒が提出するというのを繰り返すだけでは本当の意味での学力は身につかないでしょう。生徒の自主性を養うことも、重要なことだと考えています」と説明されます。

こうした方針は、コロナ禍による臨時休校中や分散登校中の授業でも継続されていました。臨時休校中にはオンライン授業を導入したものの、各教科とも授業時間すべてをオンライン授業にすることはしなかったのだそうです。

例年、6月に行う体育祭。白、青、緑、赤の４団が様々な競技で競いあいます。

体育祭

騎馬戦、綱引きをはじめとする競技のほか、衣装を自作して臨む応援団パフォーマンスにも熱が入ります。

「一定時間、教員から発信したら、残りは生徒が自分の頭で色々なことを考える時間として活用するなど、ここでも教え込みすぎない教育を実践していました。このように生徒に目的意識を持たせて勉強に励んでもらうために、各教員が様々な工夫を凝らしています」（小澤校長先生）

新大学入試を見据え独自のテストを実施

２０２１年１月から導入される大学入学共通テスト（以下、共通テスト）に向けて、学力検査に基づく選抜では、「より深い思考や理解の実現をめざす授業を実践している青山の姿勢を明確に示すため」に、共通テストを見据えた新形式の設問を自校作成問題として採用している青山。

さらに定期考査や校内学力テストでも、共通テストを意識した問題（思考力・判断力・表現力が問われるような問題）を盛り込んでいるのが特徴です。

「入学前から共通テストを見据えた問題を解き、入学後も共通テストを意識した問題を解く、つまり、本校で学んだことをしっかり吸収すれば、新しい大学入試を突破する実力が自然に身につくようにしているのです。

なお、校内学力テストは本校の教員が手作りするテストのことをいいます。外部の模試は社会や理科でまだ教わっていない範囲が出題される場合がありますが、校内学力テストであれば生徒の進度に合わせた作問が可能なため、それぞれの実力を正確に測ることができます。

私は『作問こそ指導力』＝『いい作問ができる教員は指導力が高い』という考えを持っています。そうした考えのもと、本校の教員は誇りと自信を持って生徒のために『いい作問』をしてくれています」（小澤校長先生）

前述の通り青山は、進路指導も充実しています。各教科の勉強法や、進路選択のコツ、おすすめの参考書など、卒業生からのためになるアドバイスが詰まった『進路ノート』の配付、進路について考えるきっかけ

外苑祭・外装

外苑祭（文化祭）では色鮮やかな外装も見どころです。

となる「進路ガイダンス」「進路懇談会」「大学分野別模擬講座」「文化講演」の実施など、様々な取り組みを実践しています。

　こうした取り組みによって、着実に合格実績を伸ばし、近年は難関国公立大学・旧帝大の現役合格者数が毎年30人を超えていることから、「5年後には1クラス（40人）につき6人が難関国公立大学などに現役合格すること」をめざしているのだといいます。

「担任教員が生徒に対して抱いている期待を定期的に言葉にして示すと、生徒の学習意欲と成果が向上することがわかってきました。より意欲を向上させるためにも、ホームルームの時間にそうしたことを伝える時間をさらに設けていくことが大切だと考えています」と小澤校長先生。

悲観しすぎず ピンチはチャンスの精神で

　今回は学習面での特色を中心にご紹介してきましたが、青山は部活動も盛んで、90人超えの大所帯で迫力のある音色を響かせる青山フィルハーモニー管弦楽団、50人以上の部員が切磋琢磨しながら練習に励むラグビー部、サッカー部、バドミントン部を筆頭に、各部が熱心に活動しています。もちろん、外苑祭をはじめとする学校行事も毎年大きく盛り上がります。

　このように、様々なことに全力投球できる青山での学校生活。最後に、小澤校長先生から読者のみなさんに、メッセージをいただきました。

「なにかを成そうとする強い意志を持った生徒さんは、本校でその意志を実現できる可能性が高いと思うので、ぜひ入学してもらいたいと思います。ただし、実現のためにだれかとの対話が必要になったときは、喧嘩《けんか》するのではなく、話しあいで解決し、調整する力も身につけてほしいですね。

　いまはこういう情勢ですから、色々な心配を抱えている読者の方も多いのではないでしょうか。とくに受験生の不安は大きいでしょう。しかし、こうしたピンチに陥《おちい》ったときこそ、なにかチャンスが生まれるかもしれません。悲観しすぎず、変化を楽しむくらいの力強さを持って、この時代を乗りきってください」

外苑祭・発表

全クラスミュージカル・劇を上演するのが恒例の外苑祭。部活動の発表も人気です。

■2020年3月卒業生　大学合格実績抜粋　（　）内は既卒

大学名	合格者数	大学名	合格者数
国公立大学		私立大学	
北海道大	13(4)	早稲田大	30(4)
東北大	4(1)	慶應義塾大	29(2)
筑波大	4(0)	上智大	5(1)
千葉大	16(5)	東京理科大	9(2)
東京大	2(0)	青山学院大	12(2)
東京外語大	8(3)	中央大	8(1)
東京工業大	4(2)	法政大	6(0)
一橋大	8(2)	明治大	14(1)
名古屋大	2(0)	立教大	1(0)
京都大	7(2)	国際基督教大	1(0)
大阪大	1(1)	北里大	1(0)
九州大	2(1)	芝浦工大	6(3)

画像提供：東京都立青山高等学校（写真は過年度）

知性　進取　誠意

個別相談会（要Web予約）

③11月 8日（日）10:00～14:00

④11月15日（日）10:00～14:00

⑤11月21日（土）14:00～18:00

⑥11月28日（土）14:00～18:00

※今年度は、新型コロナウイルス感染症拡大防止のため、全体説明会は行わず、予約制の個別相談会のみの実施となります。詳細はホームページにてご連絡いたします。

2021年度　入試予定

	推薦入試		一般入試	
募集人員	男女150名		男女270名	
コース	特進コース（30名）	進学コース（120名）	特進コース（50名）	進学コース（220名）
試験日	1月22日（金）		2月10日（水）	
選抜方法	推薦書・調査書・作文・面接		調査書・学科試験（国・数・英）必要と認められる者のみ診断書 面接（第一志望者）	

錦城高等学校 男女共学

〒187-0001 東京都小平市大沼町5-3-7 TEL 042-341-0741
https://www.kinjo-highschool.ed.jp/

受験生のための
明日へのトビラ

高校受験を控えた3年生にとってはいよいよ最終盤ですが、コロナ禍の影響で入試に関する変更が生じることもまだ考えられます。入試前日まで情報の確認を怠ることなく「最後の詰め」に向けた学習を進め、なにが起きても「ここまで頑張ってきた自分」を信じ、その日を迎えましょう。

NEWS

東京　2021年度入試での都立高 全日制募集は3万9250人

東京都教育委員会は10月、2021年度の都立高校募集人員を発表した。

都立高全日制では今春より1校少ない170校で募集するが、募集人員は前年度に比べ1220人減の3万9250人（転入学者特別枠などを含む）。

このうち推薦入学の対象は8749人。

千葉　千葉県公立高の全日制2021年度入試 県立・市立合わせて3万1080人募集

千葉県教育委員会も、2021年度千葉県公立高校の生徒募集定員を発表した。全日制は八千代や成東など34校で募集学級を減らし、募集定員は前年度比1480人減の3万1080人。

全日制の募集定員は、県立が前年度比1440人減の2万8880人、市立が前年度比40人減の2200人、合計3万1080人になる。なお、市立の募集定員は、市立稲毛高附属中の卒業生分は除く。

2021年3月の千葉県内の国公私立中学卒業予定者数は約5万1370人で前年度に比べ約2050人減となる見込み。そのうち98.9%が高校へ進学すると推測される。

全国　新型コロナウイルス感染症の影響で 中3生の7割が「受験に支障」

新型コロナウイルス感染症の影響で、中3生の7割が「受験に支障が出ている」と感じているとの調査結果を、ベネッセコーポレーションがまとめ公表した。

調査によると「コロナの影響で受験勉強や志望校選びに支障が出ている」と回答した中3生は69.7%。

中3生の56.5%（2人に1人以上）が「志望校を決定するための情報が足りない」と答えた。これは前年比で9.7ポイント増えている。

「コロナ禍での困りごと」を中3、高3受験生に合わせて聞いたところ、「休校による学習の遅れ」が43%と最多。次いで「オープンキャンパスや学校見学ができない」が26%。これが上記「志望校を決定するための情報が足りない」につながっていると思われる。

困りごとの3番手は「受験日などの日程変更」8%。続いて「模試が受けられずに自分の学力がわからない」と「コロナ感染の不安」が並んで4%。

塾などの校外学習費は前年に比べ8000円程度減少していることもわかった。休塾や家庭の収入減が響いているとみられる。

なお、この調査は全国の中3、高3生、本人とその保護者2060組に聞いたもの。調査は今年8月。

埼玉　2021年度埼玉県公立高の全日制入試 県立・市立合わせて3万6440人を募集

埼玉県教育委員会もすでに、2021年度埼玉県公立高校の生徒募集人員を公表している。

全日制の募集人員は、前年度より840人減の3万6440人。熊谷西（普通）や伊奈学園総合（普通）など20校で募集人員が減少する。

埼玉県の2021年度中学卒業予定者数は、前年度比1449人減の6万1057人。県公立高校の全日制課程に進学すると見込まれる割合を考慮しての3万6440人募集となった。

※なお、神奈川県公立の募集人員は10月末発表のため、本誌締め切り記事には入れられなかった。

東京　入試直前 コロナ禍に襲われたら 学校の対処はどうなる？

入試前日など、直前に学校職員や生徒に新型コロナウイルス感染症罹患《りかん》者が出た場合、どうするかを調べた。

東京都立高の場合はすでに8月、入学者選抜検討委員会で話しあわれ、まず消毒、そして検査会場の移動を案として打ち出している。

検査会場の移動は、別会場として、おもに近隣の都立高や都立中高一貫校に間借りする形で入試を行う。

受検生への周知が間に合わず、元々予定されていた学校に登校してしまった受検生がいた場合は、代替会場に送るタクシーを確保することまでが案として話しあわれている。

受検生自身が直前に罹患し、陽性者になった場合はインフルエンザ罹患同様、追検査に回ることとなる。文科省も各高校が、県立・市立問わず追検査を設けることを要請している。

ただ、追検査は一次検査の約2週間後に予定されており、発症のタイミングによっては、本検査、追検査どちらも受けられない可能性がある。

私立高校の場合どうか。東京都の私立高には、学校関係者に罹患者が確認された場合を想定し聞いた。

罹患から時間がある場合は、2日間を消毒日とし、別会場を設ける学校や日程を繰り下げる学校がある。

罹患の判明が直前だった場合は、消毒はすぐに対応するものの別会場の確保は難しいため、日程繰り下げで対処するという学校が多かった。

一方、受験生自身が罹患または陽性者、濃厚接触者となった場合は追試験で対応するとした学校がほとんど。

なお、第三波など感染が大規模になってしまった場合は、「私立全校で一斉に入試日程を繰り下げることも考える」（東京私立中高協会）とのこと。

F 室内楽部　G 校舎外観　H ラーニングセンター

突撃 スクールレポート

錦《きん》城《じょう》高等学校

〈共学校〉

東京・多摩エリアを代表する私立高校の1つ、錦城高等学校は、生徒の自立を教育目標に、大学合格からその先までを見据えた人間教育を行っています。

進取の精神で知性を磨き 誠意ある人間になることを目標とする

1880年に、「国際社会に通用する人間づくり」と「実学の徹底」を建学の精神に、東京三田の慶應義塾内に創立した三田英学校を前身に持つ錦城高等学校（以下、錦城）。1963年に現校地（小平市）へ移転・開校し、1997年に共学化。「知性・進取・誠意」を校訓に、「限りない前進」を掲げ、生徒の未来を見据えた教育活動を実践しています。

錦城は、併設中学校のない高校だけの単独校として、新入生全員が同じ教育環境のもとで高校生活を始めることができます。1年次は、「特進コース」と「進学コース」に分かれてスタートします。両コースとも1日の授業時間数は同じですが、「特進コース」は2学期までに1年次の授業を終了し、3学期は演習を行うなど、「進学コース」より授業進度が早いのが特徴です。

2年次から両コースとも文理選択クラスとなり、3年次から、「特進コース」は特進英語（難関私立文系大学に対応）・特進文理（難関国公立文系大学に対応）・特進理数（難関国公立理系大学に対応）、「進学コース」は文系Ⅰ類（私立文系大学に対応）・文系Ⅱ類（国公立文系大学に対応）・理系（国公立・私立理系大学に対応）に分かれ、生徒の希望に沿った進路を実現するための細分化されたコース・クラス編成になっています。

A

C

E

B

D

F

Photo　A 文化祭　B 球技大会　C オーストラリア語学研修　D イングリッシュ・スプリングセミナー　E 弓道部

写真提供：錦城高等学校

また錦城は、建学当初から英語教育に力を入れており、ネイティブスピーカーによる授業はもとより、GTEC、英検、TEAPなどを積極的に受験していくことで、今後の大学入試改革にも対応できる英語力を育成しています。さらに高1・高2の希望者を対象とした海外語学研修も盛んで、夏休みはオーストラリア3週間、冬休みにはアメリカ2週間のホームステイ・プログラムが実施されており、毎回多くの生徒が参加しています。

新しい試みとして、部活動などで海外語学研修に参加できない生徒のために、4日間のイングリッシュ・スプリングセミナーを学校内で実施しています。東京大学などに通う留学生を招いて、少人数でのディスカッションやプレゼンテーションを行うプログラムで、英語学習のモチベーション向上に役立っています。

「文武両道」で 現役大学進学をめざす

充実した施設も錦城の魅力の1つです。2万5000㎡の広々とした敷地内には、2011年に竣工した新校舎と弓道場をはじめとする各部活動の専用施設はもちろん、冷暖房が完備された2つの体育館や自主学習のためのラーニングセンターなど、充実した高校生活を送るための最適な環境がすべて整っています。

「近年、生徒会による活動が活発になっています。飲料水の自販機導入に向けて、自主的にルールを決めたり、通学用リュックのデザインを全校生徒で考えたりと、どうしたら楽しい高校生活を送れるかを考えて活動しています。いまの生徒には我々教員にはない柔軟な発想力があるので、今後の取り組みが楽しみです」と入試調査部主任の栗林健一郎先生。

また、錦城は「文武両道」を掲げる進学校としても有名で、全校生徒のおよそ90%が3年間部活動に参加し、難関国公立・私立大学へ現役進学を果たしています。

「本校には、運動部・文化部合わせて40の部活動があります。そのすべての部活動で、特進・進学の区別なく、みんなが同じ時間帯で、同じ学校の仲間として、とてもいい雰囲気で活動しています。部活動を高3の引退時までやった生徒は、大学入試に向けた気持ちの切り替えも早く、将来についての目的意識も高いので、最後まで粘り強く頑張ります。

『特進コース』は、演習問題などを自分でどんどん先へ進める生徒、『進学コース』は一歩一歩確実に、自分のペースを守りながら勉強を進める生徒が多いのが特徴です。昨年の『進学コース』の卒業生に、3年間バドミントン部で活躍し、現役で東京外国語大学に進学した生徒もいますので、自分が望む学校生活に合ったコースを選択して、ぜひ本校で大学現役進学を勝ち取ってください」(栗林先生)

スクールインフォメーション

所在地：東京都小平市大沼町5-3-7
アクセス：西武新宿線「小平駅」徒歩15分
生徒数：男子683名　女子809名
TEL：042-341-0741
URL：https://www.kinjo-highschool.ed.jp/

2020年3月卒業生　おもな合格実績

一橋大	2名	早稲田大	29名
東京工業大	3名	慶應義塾大	13名
東京外語大	4名	上智大	14名
北海道大	2名	東京理科大	18名
筑波大	2名	明治大	59名
横浜国立大	3名	立教大	46名

あの学校の魅力伝えます
スクペディア No. 34

日《に》本《ほん》大《だい》学《がく》第《だい》三《さん》高等学校

東京都　町田市　共学校

所在地：東京都町田市図師町11-2375　生徒数：男子739名、女子396名　TEL：042-789-5535　URL：https://www.nichidai3.ed.jp/
アクセス：JR横浜線「淵野辺駅」、京王相模原線・小田急線・多摩都市モノレール「多摩センター駅」、JR横浜線・小田急線「町田駅」バス

生徒の未来を応援する日大三の教育

　緑豊かな多摩丘陵に、15万㎡もの広大なキャンパスを有する日本大学第三高等学校（以下、日大三）。2019年に創立90周年を迎えた伝統校です。建学以来校訓に掲げる「明・正・強」の精神を「明確に正義を貫く強い意志」ととらえ、そうした意志を持った生徒の育成を教育の基本方針とします。

　また、16学部92学科を擁する総合大学として名高い日本大学の特別付属校（日本大学と異なる学校法人だが準付属校として契約を締結している学校）であり、大学付属校の利点を活かしたカリキュラムや進路教育を用意していることも特徴です。

充実のICT教育で主体的に学ぶ姿勢を育む

　日大三では、これからの社会で必要とされる主体的に物事に取り組む「自ら求め、自ら探る力」の育成をめざした学びを行っています。

　勉強面では、基礎学力の習得を重視すると同時に、読解力・表現力を磨く取り組みも多数実施。なかでもICT教育には積極的です。教室には電子黒板機能つきプロジェクターを設置し、生徒全員にタブレット端末を貸与するなど、授業でICTを活用することで生徒の主体性を促し、柔軟な思考力を育んでいきます。新型コロナウイルス感染症対応で休校中も、双方向のオンライン授業を行い、生徒の学習をしっかりとサポートすることができました。

希望の大学をめざせる日大三のカリキュラム

　生徒の希望進路の実現を重視する日大三では、進路目標に対応するコースを用意。大学進学に向けた学力育成に重点をおいた「普通クラス」、国公立大学進学をめざす「特進クラス」、スポーツに打ち込む「スポーツクラス」の3クラス制です。普通・特進両クラスは高2から文系・理系に分かれ、高3の普通クラスはさらに日本大学進学をめざすⅠ類と他大学をめざすⅡ類に分かれ、クラスごとに進路に対応した効果的な学習と進路指導を行っています。

　生徒の進学先は多様で、昨年度は日本大学へ47％、他大学へ45％が進学。日大三ではほとんどの生徒が日本大学への内部推薦資格を得ることができますが、他大学への進学も推奨している点が特色といえます。

　親身な指導で生徒の未来を応援し、夢をかなえる力を育む学校です。

あの学校の魅力伝えます

スクペディア No. 35

文京学院大学女子《ぶんきょうがくいんだいがくじょし》高等学校

東京都　文京区　女子校

所在地：東京都文京区本駒込６-18-３　生徒数：女子のみ597名　TEL：03-3946-5301　URL：https://www.hs.bgu.ac.jp/
アクセス：JR山手線・地下鉄南北線「駒込駅」、JR山手線・都営三田線「巣鴨駅」徒歩５分

社会で活躍できる自立した女性を育む

２０１９年で創立95周年を迎えた伝統ある女子校、文京学院大学女子高等学校（以下、文京学院大女子）。教育理念である「自立と共生」をかなえるべく、「誠実・勤勉・仁愛」を校訓に掲げ、様々な教育活動を展開しています。

希望進路に合わせて３つのコースが用意されており、海外大学を含めた難関大学への進学をめざす「国際教養コース」、２０１７年まで指定されていたスーパーサイエンスハイスクール（ＳＳＨ）のカリキュラムを活かして理数教育を行う「理数キャリアコース」、そして体育系や医療系など多様な進路をめざせる「スポーツ科学コース」から選べます。高２へ進級する際にはコースの再選択が可能です。

２０２０年度からは１人１台タブレットを配付し、授業内で積極的に活用するなど、各コースとも双方向型の授業を実施、主体的な学びが重視されているのが特徴です。

多様なプログラムを通してグローバルリーダーへ

また、文京学院大女子では、真のグローバルリーダーを育成するため、これまでも国際理解教育に力を入れてきました。姉妹校である海外の学校への留学制度が整っており、２週間の短期留学から11カ月におよぶ長期留学まで選択が可能です。２０１８年にはユネスコスクールに認定され、国際的な課題の解決に取り組むプログラムも実施されています。

さらに、２０２１年９月にはＩＢ（国際バカロレア）認定校である国内屈指のインターナショナルスクールと教育提携し、キャンパス内に新たなスクールを開校予定です。より多様性を感じられる環境で、語学力だけではなく、国際社会で活躍するための広い視野を身につけられるようになります。

こうした先進的な教育をすすめる一方で、運針やペン習字、生徒に読んでほしい文章をまとめたオリジナル書籍を読む「朝のことば」など、創立以来続く伝統教育が大切にされているのも文京学院大女子ならではの魅力です。

そのほか、身近な現象を課題として数理的な発問・仮説・実験検証・データ分析などを行う「学際数理探究」など、思考力が身につく探究活動のプログラムも充実。多様な分野の学びにバランスよく取り組み、品格ある女性を育成しています。

あの学校の魅力伝えます
スクペディア No. 36

駿台学園高等学校《すんだいがくえんこうとうがっこう》

東京都　北区　共学校

所在地：東京都北区王子6-1-10　生徒数：男子311名、女子71名　TEL：03-3913-5735　URL：http://www.sundaigakuen.ac.jp/
アクセス：地下鉄南北線「王子神谷駅」徒歩7分、地下鉄南北線「王子駅」徒歩8分、JR京浜東北線「王子駅」・都電荒川線「王子駅前駅」徒歩10分

「自分らしい」学校生活が見つかる！

１９３２年に創立された駿台学園高等学校（以下、駿台学園）は、校訓に「万木一心《ばんぼくいっしん》」を掲げています。これは、個性を持ちながら周囲と協調し、貢献していくことを理想とするものです。

学習と部活動が両立できる

生徒が希望に沿った高校生活を送れるようコース制を取り入れており、以下の３コースを用意しています。

「特選」は、国公立、難関私立大学をめざすコースで、授業時間数を多く設定し、学力の強化を徹底。進度が早く、高2後半から受験に特化した授業を行います。「進学」は、学習と部活動を両立させ、学校生活を楽しみながら4年制大学をめざすコースで、日東駒専クラス以上の大学合格を目標とします。「スペシャリスト」は、芸術、文化、スポーツなどの分野に優れた生徒が、その才能を磨きながら大学進学をめざすコースです。授業は5～6時間で終了するため、放課後は存分に得意分野に打ち込むことができます。

進路指導においては、予備校講師による校内予備校「S１ゼミ」を週１回（高１・高２、国語・英語または数学・英語）と、長期休業中にも開講します。また「S１チューター」というシステムを導入し、難関大学の大学生・大学院生チューターが週４日、放課後に少人数制のグループ指導で日々の学習をサポートします。

生徒全員がタブレットを持っているのでリモート授業への対応も万全です。

先進的な英語教育

駿台学園の国際教育は約70年の歴史を誇り、様々なプログラムがあります。

国際教育の基本となる英語力については、「読む」「書く」「聞く」「話す」の４技能をバランスよく指導。教科書に加え、洋書のテキストや文法書を用いて英文法を学習し、４技能系のGTECや英検も校内受験します。

外国人講師をはじめ、高い英語力を有する英語教師により、質の高い授業が繰り広げられています。

特待資格試験を導入

また、成績優秀者を対象に、特待資格試験が２０２１年度より導入されます。こうした様々なサポート環境が整っている駿台学園で、あなたも「自分らしい」学校生活を送ってみませんか。

あの学校の魅力伝えます

スクペディア No. 37

神田女学園《かんだじょがくえん》高等学校

東京都　千代田区　女子校

所在地：東京都千代田区神田猿楽町2-3-6　生徒数：女子のみ320名　TEL：03-6383-3751　URL：https://www.kandajogakuen.ed.jp
アクセス：JR総武線・都営三田線「水道橋駅」、地下鉄半蔵門線・都営三田線・都営新宿線「神保町駅」徒歩5分、JR中央線・総武線・地下鉄丸ノ内線「御茶ノ水駅」徒歩10分

新しい3つのコースで世界へ羽ばたける力を養う

都内有数の文教地区にあり、２０２０年に創立１３０年を迎えた神田女学園高等学校（以下、神田女学園）。教科の枠を超えた学びを行うリベラルアーツ教育などを通して「深い知識と広い教養を身につけた品格ある個人」へと生徒たちを導きます。

なかでも特徴的なのが、英語以外にもう1言語を学ぶ「トリリンガル教育」です。中国語・フランス語・韓国語から選べる第二外国語の授業では、基礎から日常会話レベルまでを学習し、国際社会に貢献できるグローバル人材へと成長できます。

もちろん英語学習にも注力しており、英語の授業は習熟度別少人数クラスで行います。ネイティブ教員も全教員の4分の1（12名）を占め、日常的に生徒と先生が英語で会話する声が聞かれます。他教科でも英語を話す機会が頻繁に設けられていて、英語で考えを伝える力も養えます。

専門性を高める多彩なクラス

２０２１年度からはコースを再編し、新たなコースも設置。さらに、高2で各コースに2つずつ設定された専門クラスに分かれ、より深い内容を学んでいきます。

海外で様々な経験を積める国際教養コース（ＧＬＡコース）には、海外の高校に在籍し国内外両方の高校卒業資格の取得をめざすダブルディプロマクラス（ＤＤＰクラス）と、中長期の留学でハイレベルな英語力を習得できるロングステイクラス（ＬＳＰクラス）があります。

高度教養コース（ＨＬＡコース）では、医学系の進学に特化し、医療教養を学べるカリキュラムが用意されたメディカルテクノロジークラス（ＭＴクラス）と、第二外国語を２つ学び、マルチリンガルとして将来国内外で活躍できる力を養うランゲージアーツクラス（ＬＡクラス）が選択できます。

国公立・難関私立大学進学を目標に掲げるフューチャーデザインクラス（ＦＤクラス）と、自分が希望する進路の実現をめざすディプロマクラス（ＤＰクラス）のある総合教養コースは、得意科目を伸ばし、苦手分野を克服していける手厚い学習サポートが用意されています。

以上のように生徒の将来の可能性を広げる３つの新コースを設置し、時代に合わせた進化を続けていく神田女学園の取り組みに注目が集まっています。

君の熱意を
必ず未来につなげます。
修《しゅう》徳《とく》高等学校
[共学校]
徳育・知育・体育のバランスのとれた三位一体教育を実践する修徳高等学校。
生徒たちの熱意を応援し、「恩に気づき、恩に報いる」ことのできる人材の育成に取り組んでいます。

進路目標の実現に向けた文武一体教育

ＪＲ常磐線・東京メトロ千代田線「亀有駅」から徒歩12分、下町情緒が残る住宅地の一角に修徳高等学校（以下、修徳）はあります。２０１１年に建てられた5階建ての校舎には2階中央部に吹き抜けの中庭があり、採光性に優れた開放的な空間が広がっています。教壇のないフラットな作りの教室や最新の実験機器を完備した物理・生物・化学の3つの専門ラボが並ぶサイエンス・ストリート、生徒1人1台のＰＣルームや機能的な図書室など、充実した学習環境が整っています。

修徳では、生徒の進路目標に合わせて「特進選抜コース」と「文理進学コース」の2コース制を敷いています。「特進選抜コース」は、難関国公立・私立大学をめざす特進クラスと、ＧＭＡＲＣＨレベルをめざす選抜クラスに分かれていて、目標大学への現役合格を勝ち取るための徹底したサポートが行われています。

「文理進学コース」には、文理進学クラスと英語選抜クラスがあり、指定校推薦など、近年多様化する入試制度を活用して志望大学への現役合格をめざします。いずれのコース・クラスも、高2進級時の学力によっては変更が可能なため、モチベーションを維持しながら1年次の学習に取り組むことができます。

また、文武一体教育をめざす修徳ならではの施設も充実しています。校舎と隣接する2階建て体育館には、アリーナと柔道場、剣道場が整備されていて、メイングラウンドは表面温度の上昇を抑えるクール人工芝を使用した本格的サッカーグラウンドで、周辺にはミストシャワーを設置するなど、熱中症対策も万全に整っています。

大学受験のためのプログレス学習センター

修徳が誇る学習施設が、校舎に隣接する3階建てのプログレス学習センターです。２０１４年に大学受験専用学習棟として建設され、高1から高3まで自学自習の拠点として幅広く活用されています。

1階には、80席の独立した自習席があるプログレスホールやインターネット上で講義を視聴できるＶＯＤ学習用のコンピュータールーム、生徒の学習相談や進路指導を行うカンファレンスルームなどがあります。

2階は、壁面の色が、集中力を高めるブルー、理解力を高めるイエロー、リフレッシュ効果のあるグリーンの3つの講習室に分かれていて、生徒はその日の気分に合わせて講習室を選択し、放課後プログレスやハイレベル講習を受講しています。

3階では希望者を対象に、大手予備校講師と1対1の完全個別指導を受けることができます。また、グループ学習のためのコモンルームや気分転換ができるカフェラウンジもあり、生徒たちはそれぞれの目的に合わせて利用しています。

「1階から3階の施設全体で約３５０席の自習席があます。普段は毎日２００人ぐらいが利用していますが、定期試験前になるとすぐに満席になります。ＩＤカードで全生徒の入退室を管理していますので、大学受験を控えた高3生には優先的に席が割り振られます。土曜日も夜9時まで利用でき、学習をサポートするチューターが常駐していますので、気軽に質問や相談をすることができます」（小笠原健晴教頭）

イングリッシュレビュー

修徳では、「イングリッシュレビュー」と称し、英語力を高めるための新しい取り組みも始まっています。体験型英語学習施設「東京グローバルゲートウェイ」の利用もその1つで、高1・高2の全クラスが年2回利用しています。特進・選抜・英語選抜クラスの高1生を対象とした「ブリティッシュヒルズ国内語学宿泊研修」も実施しており、生きた英語を楽しむための実践的な取り組みが行われています。

そのほか基礎学力の定着を目的とした朝プログレス（英単語小テスト）や放課後プログレス（英単語定着演習）などがあり、近年は英検の取得にも力を入れています。受験回ごとに優秀な成績を修めたクラスや部活動を表彰する制度などもあり、全学年が1年間に3回受検し、卒業までに英検2級取得をめざします。

さらに、イングリッシュレビューの授業内に行う大手予備校講師による講習や希望者を対象とした大学受験に特化した学年別ハイレベル講習など、生徒の主体的な学びを促し、着実に英語力を高めていきます。

School Information

■学校説明会　予約不要
11月21日(土)　14：00～16：30
11月28日(土)　14：00～16：30
※各日とも個別入試相談あり

所在地：東京都葛飾区青戸8-10-1
TEL：03-3601-0116
URL：http://shutoku.ac.jp
アクセス：地下鉄千代田線・JR常磐線「亀有駅」徒歩12分、京成線「青砥駅」徒歩17分

スーパー特進類型

30名の少数精鋭。難関国立大学などへの現役合格を目指す

難関国立大学への現役合格を目指す 1クラス 30名、少数精鋭の類型。1年次から 3年次まで 7時間授業を展開。高い語学力と国際的視野を持った生徒を育成します。難易度の高い学習内容、効率的な授業などにより 6教科 8科目の受験科目に備えます。1年次は目標とする学部や学科への意識を高め、2年次は文系・理系別に分かれ、3年次の後半は現役合格を目指して演習や実践的学習を徹底的に行います。

2018 年4月1期生入学

特別進学類型

3年間7時間授業。国公立大学や最難関私立大学を目標とする

国公立大学や最難関私立大学への現役合格を目指す類型。1年次から 3年次まで 7時間授業を展開。1年次は将来の職業を踏まえながら学部や学科への意識を高め、2年次は文系・理系別に分かれ、全国模試に参加しながら受験への意識を高めていきます。3年次の後半は、受験本番に備えて演習問題に取り組むなど、現役合格を目標に生徒の能力を引き出します。

◆

主な進学先 東北大・千葉大・東京農工大・東京学芸大・電気通信大・埼玉大・東京都立大・東京理科大
明治大・立教大・法政大・立命館大　など

大学現役合格率 **89.2%**　大学現役進学率 **84.3%**

選抜進学類型

1年次、2年次に7時間授業。GMARCHなどの難関私立大学が目標

GMARCHなどの難関私立大学への現役合格を目指す類型。1年次と 2年次に 7時間授業を展開。1年次は基礎学力の徹底、2年次は文系・理系別に分かれた授業展開。3年次は目標とする大学への現役合格を目指して学力を高めます。夏休みなどの長期休暇には、得意科目のさらなる飛躍、苦手科目の克服などを目指して集中授業や特別講座も開講します。

◆

主な進学先 電気通信大・明治大・青山学院大・立教大
中央大・成蹊大・明治学院大・武蔵大・獨協大・國學院大
東京女子大・東京女子医科大・芝浦工大　など

大学現役合格率 **93.7%**　大学現役進学率 **92.2%**

普通進学類型

幅広いカリキュラムを設定。多彩な進路に対応できる学力が身につく

学校行事、クラブ活動、委員会活動などに取り組みながら、将来、幅広い進路に応えられるカリキュラムが設定された類型。1年次は基礎学力の徹底、2年次は文系・理系別の授業展開を行い、3年次は苦手な科目や単元の克服を目指しつつ、受験にむけた指導を徹底。通常の授業とは別に、夏休みなどの長期休暇には進学講座も開講し、志望大学への現役合格を目指します。

◆

主な進学先 東京理科大・青山学院大・法政大・学習院大・成蹊大・明治学院大・武蔵大・獨協大・國學院大
日本大・東洋大・駒澤大・専修大・北里大・東京女子大
日本女子大・工学院大・東京電機大　など

大学進学希望者の現役合格率 **95.5%**
大学進学希望者の現役進学率 **92.0%**

学校説明会・体験入学・個別相談［要予約］

①校舎・施設見学　②全体会開始

11月22日［日］ ①14：30 ②15：00	**12月 5 日**［土］ ①14：30 ②15：00
11月23日［祝月］ ① 9：30 ②10：00	**12月 6 日**［日］ ①14：30 ②15：00
11月28日［土］ ①14：30 ②15：00	**12月12日**［土］ ①14：30 ②15：00
11月29日［日］ ①14：30 ②15：00	

改定
１０月以降の行事について内容を変更いたします。
すでに告知した学校説明会には体験入学の内容を兼ね、体験入学には学校説明会の内容を兼ね、すべて同じ内容で実施いたします。

●すべて、希望日と類型を電話にて予約お申し込みください。TEL.03-3988-5511（平日9時～１７時）
●一回の定員に限りがあります。
●保護者の方のみ、または2年生以下の中学生には学校説明会の内容のみの参加は可能です。
●個別相談は全体会（約2時間）終了後、希望制で行います。
●上履き、筆記用具をご持参ください。
●お車での来校はご遠慮ください。
■諸般の事情で、中止になる場合があります。前日のホームページでご確認ください。
■今年度は、個別の説明会や相談に応じます。平日9時～１6時、土曜9時～１4時。電話で予約してください。
●電話での質問や相談にも応じます。つながりにくい時もあるかもしれませんが、「入試担当を」と、お気軽に電話ください。

今春の大学合格実績

■国公立大学・大学校(準大学)…17　東北大学・東京農工大学・電気通信大学3・千葉大学・東京学芸大学2
埼玉大学3・信州大学・山形大学・東京都立大学・長野大学・水産大学校・国立清水海上技術短期大学校
■早慶上理…8　早稲田大学・上智大学・東京理科大学6
■GMARCH…50　明治大学5・青山学院大学7・立教大学9・中央大学9・法政大学16・学習院大学4
■成成明武獨国…65　成城大学3・成蹊大学12・明治学院大学7・武蔵大学17・獨協大学15・國學院大學11
■日東駒専…134　日本大38・東洋大66・駒澤大12・専修大18
■医歯薬系(6年制)…17　日本大学［松戸歯］・明治薬科大学［薬］3・星薬科大学［薬］2・武蔵野大学［薬］2
帝京大学［薬］・横浜薬科大学［薬］2・日本薬科大学［薬］3・北里大学［薬］・城西大学［薬］・帝京平成大学［薬］

本校の詳しい情報はこちらから ▶

学校法人 豊昭学園
豊島学院高等学校
TOSHIMA GAKUIN
併設/東京交通短期大学・昭和鉄道高等学校

〒170-0011 東京都豊島区池袋本町2-10-1　TEL.03-3988-5511（代表）
最寄駅：池袋／JR・西武池袋線・丸ノ内線・有楽町線 徒歩15分　副都心線 C6出口 徒歩12分
北池袋／東武東上線 徒歩7分　板橋区役所前／都営三田線 徒歩15分
http://www.hosho.ac.jp/toshima.htm

多彩な進路を支える教育システム

文化、科学の根底から学ぶ授業カリキュラムのもとで偏りのない学習をする中から自らの興味関心を発見するプロセスが、回り道のようですが最善のものです。この考え方に基づいて、高校１年までは全員が同じ内容を学ぶ期間としています。高校２年で文・理コース選択を、高校３年では18種類のコースから１つを選択し、希望する進路の実現を目指します。
このように、成蹊大学へ進学する30%の生徒と、全国の国公私立大学へ進む70%の生徒の両方に対応するカリキュラムに加え、卒業生の協力を得た様々な進路ガイダンスなどの行事とが組み合わされて、医歯薬、芸術分野を含む多彩な進路が実現しています。

国際理解教育の多様なプログラム

1949年開始の交換留学を始め、長期·短期の様々な機会が用意されています。１年間の留学でも学年が遅れない制度や、留学中の授業料等を半額にする制度を整え、留学を後押ししています。短期留学（２～３週間）には、50年余の歴史を持つカウラ高校（オーストラリア）との交流の他、ケンブリッジ大学、UC-Davisとの提携プログラムなど、将来の進路選択を見据えた成蹊ならではの特色あるプログラムを実施しています。また、高校では常時留学生を受け入れていますので、日常的に国際交流の機会があります。

過去3年間の主な進学先

東京大、大阪大、東工大、一橋大、北海道大、東北大、東京藝術大、東京外語大、筑波大、国際教養大、慶應義塾大、早稲田大、上智大、青山学院大、明治大、立教大、APU、東京慈恵会医科大、順天堂大、北里大、昭和大、東京医科大、日本医科大

本校の資料発送も承ります。
ご希望の方はお問い合わせください。

T E L：0422-37-3818
F A X：0422-37-3863
Email：chuko@jim.seikei.ac.jp

成蹊高等学校

〒180-8633 東京都武蔵野市吉祥寺北町3-10-13 〔Tel〕0422-37-3818
〔URL〕https://www.seikei.ac.jp/jsh/ 〔E-mail〕chuko@jim.seikei.ac.jp

入学願書は
志望校への思いを込めて

東京都立高校は全校で郵送出願を採用

この時期からの受験生は、勉強のラストスパートはもちろんですが、ほかにもやっておかなければならない大事なことがたくさんあります。そのなかで最も重要なのが「入学願書」の提出です。入学願書は、もう手に入れましたか。

今般の出願では新型コロナウイルス感染症予防の観点から窓口出願を取りやめ、郵送に変更している学校があります。東京都立高校は全校で郵送受け付けとなっています。

高校受験では願書は受験生自身が書かなければなりません。これはみなさん初めての経験でしょう。そこで、このコーナーでは「こう書けば安心」という入学願書の書き方についてまとめることにしました。また、私立高校の多くはWeb出願（インターネット出願）を採用していますので、その場合の注意点にも言及します。

「コロナ禍」による変化もあるので要注意

郵送・窓口出願

郵送は郵便局留めと学校あての場合がある

東京都教育委員会は、都立高校の願書受付について、従来の窓口出願から郵送受付に切り替えます。

これは新型コロナウイルス感染症罹患《りかん》のリスクを極力減らしたいとの意向からです。

郵送への切り替えは都立高校全校で実施されますが、詳しくは各校から発表される募集要項を待たねばなりません。

ただこれまで、都立の中高一貫校が各校近隣の「郵便局留め受付」で支障なく進められていることから、郵便局留めとなりそうです。その場合は募集要項にどこの郵便局に送るのかが指定されます。学校あてに送ることのないようにしましょう。

他県の公立高校では学校に直接郵送という例もあります。

高校の入学願書は受験生本人が書く

さて、高校受験における「入学願書」は、基本的に受験生本人が書きます。これも高校進学の第一歩と考えて、この学校に進学したいという思いを込めて書きましょう。

保護者氏名の署名欄など、保護者が書くことを求められる欄もあります。「受験生本人自署のこと」「受験生本人が記入すること」などの注意書きがある願書、また、その欄は、必ず本人が記入します。

願書記入欄のうち「志望動機」や「本校を志望した理由」などは必ず本人が書く必要があります。

面接がある学校では、面接官が願書を見ながら質問をします。自分で記入しておかないと、書いておいたことと答えが合わなくなり怪訝《けげん》な顔をされてしまいます。

「自己PRカード」や「自己推薦

書」も同じことがいえます。

また、面接がない学校の場合は、願書の「志望動機欄」が唯一の意思表示の場です。「この学校に入りたい」という思いを願書でしっかり伝えましょう。

保護者が記入すべきものには「健康調査書」などがあります。

そのほか保護者が施した方が間違いがないのが捺印です。捺印の曲がりなどはあまり気にする必要はありませんが、薄くなってしまったりするミスは保護者の方が少ないはずです。また、起こしがちなミスの1つが、実印を使った場合にうっかりフタをしたまま押印してしまうことです。書き込んだ願書がすべてムダになりますので気をつけましょう。

実印を使わなければならない箇所は、まずありません。

必ず「見直し」をする まず捺印欄をチェック

書き終わった入学願書をチェックするときには、捺印の漏れがないかを、まず一番にチェックします。このミスが最も多いからです。

また、記入欄のずれがないかも確認します。生年月日、中学校の卒業見込み年度などの数字も間違いやすいポイントです。学校によって元号で記す場合と西暦で記入する場合があります。現在の元号は令和、受験生が生まれたのは平成です。

ふりがなについては、「ふりがな」とあるときはひらがなで、「フリガナ」とあるときにはカタカナで記入しますが、これを間違えたからといって願書が受け付けられない、ということはありません。

私立高校の場合は、複数の試験日程のうち、自分が受験する日に○印をする方式がほとんどです。受験日が間違っていないか、よく確認してから記します。

「緊急連絡先」の欄は、受験時のトラブル対処のためもありますが、合格発表時に補欠であったとき、「繰り上げ合格連絡」に使われますので、すぐに連絡が取れる電話番号を書き込みます。携帯電話は受験生本人ではなく保護者の携帯番号の方がよく、この場合、父、母、また、持ち主の氏名を書いておきましょう。

最近は複写式の願書や提出書類もあります。必要なページにそれぞれ複写されているかを確認します。厚紙をはさむ場所を間違え、書き込んだはずの文字がすべて写っていなかったり、ページが折れていて、複写に失敗することもあります。

顔写真は、眼鏡など受験日と同じスタイルで撮影し、指定された大きさにして貼ります。写真の裏に氏名を書いておけば、万一、はがれてしまったときにも安心です。

最後に、入試要項や「入学願書記入上の注意」を読み返して再確認します。

では、記入ミスが見つかった場合はどうするかですが、最もいいのは、もう1通願書を用意しておいて、ミスした1枚全部を書き直すことです。それが難しければ、間違えたところを線2本で消し、そのうえに正しい記述をしたあと印鑑を押します。訂正印（訂正用の小さな印鑑）があればベターです。注意書きに「訂正する場合は……」が示してあるときはそれに従います。

記入し終わったら封入です。一度に複数校の願書を記入した場合、他校の封筒に誤って封入することがありますので、1校ずつ、記入から封入までを行うようにします。

願書提出時も要注意 提出期間は定められている

願書提出には郵送と窓口持参があります。郵送のみ、Webのみという学校も多くなりました。提出期間は定められています。必着日を確認しましょう。

窓口持参の場合も、同じ日に2校を回る場合、他校の書類を窓口に並べてしまう失礼のないようにしましょう。このとき、願書記入に使用したペンと使用した印鑑を持っていくことをおすすめします。

受付で記入漏れの指摘を受けた場合に、その場で修正できるからです。

捺印漏れも意外に多い落とし穴ですので、印鑑も持っていきましょう。

郵送の場合には、締切ぎりぎりの投函は避けましょう。窓口持参の場合は、土日に受付があるか、また、受付時間帯も調べておきましょう。とくに最終日は要チェックです。

提出する封筒にはあらかじめ「○○高等学校入学願書受付係　行」などと印刷してあります。この「行」は2本の斜め線で消して「御中」に直しましょう。「学校長殿」の場合はそのままにします。

また、受験票返送用の封筒に印刷されている、自分の名前を書く欄には「　　　様」と印刷されていますが、この「様」を改める必要はありません。

返送されてきた受験票は、透明ファイルなどで学校別に分けて保管します。入試当日に他校の受験票を持っていくなどのアクシデントが起きないように注意しましょう。

面接の材料となる 「自己推薦書」はどう書くか

私立高校では自己推薦書を提出する学校が多くあります。

自己推薦書を書く際には、その学校の「望んでいる生徒像」等が各校ホームページに掲載されていますので、一読しておく必要があります。

そして、書き方の基本は、「自分の言葉」で表現するということです。

受験ガイドブックなどに掲載されている自己推薦書の例をそのまま書き写したものではなく、自分の言葉で書きましょう。

高校の入試担当の先生は、多くの自己推薦書を読むわけですから、例文丸写しや語句を変更しただけの文面には、すぐに気がつきます。

志望意欲に疑問符をつけられないよう、自分の考えをまとめ、一度下書きしてから書きます。

その記述をもとに、面接で受験生の真意を尋ねるわけですから、自分の言葉で書いておかないと、しどろもどろになってしまうでしょう。

自分が自分を推薦できるところはどこなのか、しっかりと考えて書きましょう。わからなければ、家族や友だち、塾の先生に「私のいいところってどこ？」と気軽に相談してみましょう。客観的な見方ができる人に答えてもらえば、ヒントをつかむことができるはずです。

公立高校の「自己PRカード」なども受験生本人が書きます。

東京都立高校の「自己PRカード」は、受検前の提出は面接がある学校だけとなりましたので（点数化せず面接資料となる）少し負担は減りました。

神奈川の公立高校では受検者全員に面接が課されるようになり、その資料として「面接シート」の提出が必要です。

千葉の公立高校の一部が提出を求めている志願理由書には「自己アピール記載欄」があります。

私立高校では主流になってきたWeb出願

Web出願

Web出願のメリットは学校と受験生双方にある

Ｗｅｂ出願は、公立高校ではまだ普及が進んでいません。都立高校では今回、都立立川のみが今後のために試行することになっています。

私立高校ではＷｅｂ出願（インターネット出願）を採用する学校が、むしろ主流になってきました。

従来、Ｗｅｂ上で行われていたのは「学校説明会予約」「合格発表」「入学金決済」などでしたが、信頼度が増してきたことから、より利便性の高いサービスとして「Ｗｅｂ出願」が採用されるようになったのです。

首都圏ではほとんどの私立高校がＷｅｂ出願を採用しています。なかには窓口・郵送では受け付けないというところまであります。

細かい手順は後述しますが、Ｗｅｂ出願ではインターネット上からダウンロードした願書に必要事項を入力し添付して送信します。

この場合は画面上の入力になりますから、だれがキーボードをたたいてもかまいません。むしろパソコンに慣れたお父さんなどにお願いした方が間違いがないかもしれません。

顔写真については、写真データをアップロードする学校と、入力した願書をプリントアウトし、顔写真を貼って郵送する学校とがあります。

願書の取り寄せが不要で学校への提出もスピーディー

受験勉強の追い込みの時期に時間や手間が節約でき、急な志望校変更などにも対応しやすいため、Ｗｅｂ出願は、受験生にとっても、嬉しい出願システムといえるでしょう。学校に行かずとも、また返信用封筒を入れて学校に郵送請求するなどしなくとも、願書の関係書類が手に入るメリットが最も大きく、地方からの受験生が多い首都圏の「大学入試」では、ほとんどの大学がＷｅｂ出願になっています。

なかにはＷｅｂ出願なら受験料を割引する学校もあります。

学校側にも、願書を多くの受験生に郵送したり、一度に願書が殺到したりするなどして起こる業務の煩雑さが軽減するメリットがあります。

ただ、紙の願書に比べて便利になったとはいえ、Ｗｅｂ出願には独特の手順がありますので、決まりに従ってしっかりと出願しなければなりません。

出願が受け付けられたかどうかは確認のメールが返信されます。

これらの手順は、学校によって違いはありますが、ここでは、一般的なＷｅｂ出願の流れ（50ページ参照）や利用にあたっての注意点を確認しておくことにします。

まず、そのメリットを以下に並べてみます。

●願書を取り寄せせず自宅で完結

窓口提出や郵送での出願では、紙の願書を学校からもらって、手書きで記入し、持参または、郵送するというものでした。

しかしＷｅｂ出願では、前述した通り、願書の取り寄せは不要です。その高校のＷｅｂサイトにある「申し込みフォーム」に、必要事項を入力して送信します。

次に指定日までに受験料の振り込みを行います。

プリントアウトした必要書類を郵送して出願完了となる学校もあります。ですから郵送の手間がすべてなくなる学校は少ないといえます。

受験票は、自宅のパソコンを使ったり、コンビニのシステムでプリントするという方法をとっている学校もあります。

●24時間出願申し込みができる

インターネットに接続できる環境があれば、いつでも出願申し込みが可能なため、合否の結果によって併願校を選ぶ場合などに、とても便利です。

ただし受験料の振り込みや必要書類の送付を終えることで、出願完了となるため、願書提出締め切り直前の出願では郵送時間がとれず間に合

WEB出願

出願手順の例

◆WEB出願について

◎ 平日・土日・祝日24時間出願手続きができます。

◎ ご自宅で出願手続きができます。

◎ 各種クレジットカード・コンビニエンスストア・ペイジーでのお支払いが選べます。

◆出願手続きの方法

本校ホームページ	募集期間が近くなりましたら、本校ホームページに出願サイトのバナーを設置します。 12月20日以降、入力を開始することが可能です。
出願サイト	パソコン・スマートフォン・タブレット端末のいずれかをご利用ください。
ID(メールアドレス)登録	メールアドレスをIDとして登録してください。なお、出願後の連絡の為、 緊急時にもすぐにご確認頂けるメールアドレスをご登録ください。
志願者情報入力	登録したメールアドレスを使ってログインするとマイページが表示されますので、 志願者情報を入力してください。
支払い方法の選択	受験料のお支払いは、クレジットカード、コンビニエンスストア、 金融機関ATM(ペイジー)をご利用ください。本校窓口でのお支払いはできません。 なお、お支払いには別途手数料がかかります。
受験票・写真票(学校控) 宛名ラベル印刷	受験料のお支払い完了後、支払い完了メールが届き、出願期間内に 出願サイトから受験票の印刷が可能となります。 ご自宅やコンビニエンスストア等で印刷(A４サイズ・白い紙)してください。 ※受験生の顔写真は、マイページからデータをアップロードするか、 写真(４cm×３cm)を貼付してください。
提出書類郵送	市販されている角２封筒(A4用紙を折らずに入るサイズ)に、印刷した「宛名ラベル」を 貼付、出願書類を投入し、郵送窓口より「簡易書留・速達」で送付してください。 ※「入学手続き延期願い」は本校ホームページからダウンロードして、送付してくだい。
入試当日	受験票は本校から発送しませんので、必ずご自宅、コンビニエンスストア等で印刷し 試験当日お持ちください。

わない事態も起きます。

●記入ミスしても修正が簡単

紙の願書では修正不可の場合も多く、記入に間違いがあったときは初めから書き直さなければなりません。Web出願では、画面上で入力するので修正は簡単。申し込み前に自動でエラーチェックも行われるため、入力漏れなども防ぐことができます。

●内容の確認・変更が可能

出願後もログインすれば申し込み内容を確認できます。また、受験料支払い前であれば内容の変更、追加なども可能です。

紙での出願の場合は、記入した願書をコピーして取っておかないと安心できませんでしたが、パソコン上にコピーして残しておけばいいので、これも簡単です。

●受験料の支払いが便利

受験料はコンビニなどから24時間支払いが可能です。そのほかにも郵便局、銀行ATMでのクレジットカード決済、ネットバンキングが利用可能な学校もあるなど、様々な支払方法から選ぶことができます。

●受験料割引制度もある

まだ多くはありませんが、Web出願の場合に、受験料の割引を設定している学校もあります。

大学入試などでは、この割引制度の導入で、Web出願の利用が一気に増えましたので、今後、中高の出願事情の変化にも影響を与えるものと思われます。

Web出願にも注意点あり やはり事前の確認が肝心

Web出願は便利ですが、すべてをインターネット上だけで終了できるわけではありません。

インターネットを使って24時間可能なのは、あくまで出願申し込みのみなのです。その後、受験料の支払いや必要書類の送付をしなければなりません。願書をプリントアウトして郵送しなければならない学校も多くあります。

それぞれ「申し込みから3日以内」「出願期間最終日まで」などの期限が設定されています。

あらかじめ志望校の出願方法や必要な書類を確認したうえで、余裕を持って出願しましょう。

受験料の支払いについても、指定日までに支払わなければ申し込みが取り消しになります。期限には、とくに注意しましょう。

顔写真も必要です。前述の通り、申し込み時に顔写真データをアップロードするシステムになっていたり、後日、願書に貼って郵送する、受験票に貼って試験日当日に持参するなど学校によって違いがあります。

顔写真のデータが必要な場合は、デジタルカメラで撮る必要があります。写真館によっては、プリントと同時にデジタルデータを添付してくれるところもありますので利用しましょう。

このように、受験料の支払いや必要書類の郵送を終えて初めて出願完了となります。

そのあと受験票が届くシステムの学校が多くあります。

そのほかでは、受験票をパソコンでプリントできたり、コンビニ利用のシステムでプリントが取り出せる学校もあります。その場合、その受験票に顔写真を貼ることになります。

いずれの場合も、試験日当日に受験票を持参するのを忘れないようにしましょう。

スマートフォンなどにも対応していますが、プリントアウトする必要があるので、やはりデスクトップのパソコンでの利用が便利です。

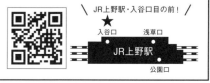

特色ある3コース4クラス編成

佼《こう》成《せい》学《がく》園《えん》女《じょ》子《し》高等学校

佼成学園女子高等学校（以下、佼成女子）は、世界を舞台に活躍するための「人間力」と「英語力」を教育の2つの柱に置き、他者の生きる力となれる女性の育成に取り組んでいます。

２０２１年度より再編される各コース（国際コース・特進コース・進学コース）内容を中心に、佼成女子の教育についてご紹介します。

グローバルリーダーを育む「国際コース」

国際コースは、「留学クラス」と「スーパーグローバルクラス」の2クラス編成です。

「留学クラス」は、高1・1月から高2・12月までの1年間、ニュージーランドの提携校にクラス全員が留学をします。現地ではホームステイ（1家庭1名）をしながら高校に通学し、現地の生徒と一緒に授業を受け、課外活動にも積極的に参加します。提携校1校につき2～3名が留学するため日本人同士のなれ合いもなく、留学に集中することができます。また、留学準備のための事前研修プログラムや現地駐在スタッフのサポート、帰国後の大学受験に向けたプログラムなどもしっかり整備されていて、毎年、国公立大学・難関私立大学への現役合格者や英検1級取得者が複数出るクラスです。

「スーパーグローバルクラス」は、1人ひとりが地球規模の課題のなかから自分のテーマを設定し、その研究を通じて主体的な探究力・課題解決力を養成します。高1は、研究の方法論や異文化理解に必要な基礎教養を学び、高2・7月にタイで行われるフィールドワーク（約2週間）で自ら設定したテーマを調査・分析します。そして高3では、その調査・研究成果をロンドン大学研修（約6週間）で英語論文として完成させ、プレゼンテーションします。

両クラスとも英語力の向上はもちろんですが、グローバルリーダーと

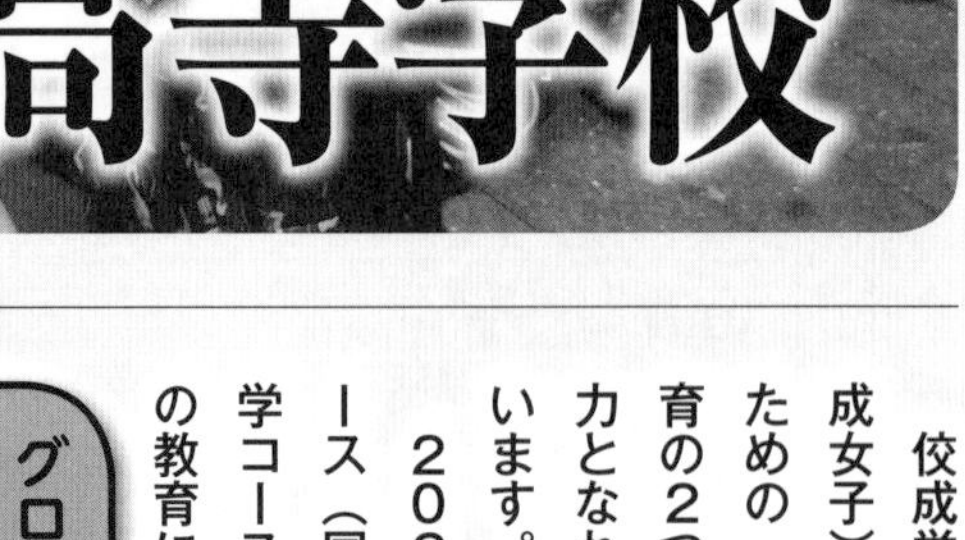

スーパーグローバルクラス・タイフィールドワーク

して世界で活躍するための人間力や自立心が養われていきます。

現役大学合格を勝ち取る「特進コース」

ハイレベルな授業で国公立大学・難関私立大学への現役合格をめざすコースです。高1では、5教科7科目をまんべんなく学び、高2からは希望進路により文系と理系に分かれます。高3は演習授業を中心に行い、志望大学合格のための学力を養っていきます。また、入学時より理系を希望する生徒には、高1から週2回7・8時間目を利用した「特設理科・特設数学」の授業があり、多くの実験や演習を行うことで、より一層理解度を深めていきます。

ネイティブの授業風景

さらに、放課後や長期休暇中には受験専門スタッフによる特別進学講習などもあり、授業とリンクした内容で大学受験に対応した総合的な学力を磨いていきます。

難関大学合格実績

	2017年度卒業生	2018年度卒業生	2019年度卒業生
国公立大	14	18	23
早慶上智	23	25	32
GMARCH	63	48	50
三大女子大※	39	22	37

※津田塾大学、東京女子大学、日本女子大学

多様な進路を可能にする「進学コース」

勉強だけでなく、部活動や委員会活動、学校行事やボランティアなど色々な学校生活に思いっきりチャレンジしたい生徒のためのコースです。高1は5教科7科目の基礎を固め、高2から文系・理系の選択授業、高3では英・国・数の主要3教科に重きを置いたカリキュラムで、指定校推薦やAOなど、多様な大学入試を視野に入れた進路指導が行われます。また、「食育」や「保育」といった選択科目を多く設定し、希望進路の受験科目に応じた時間割を組み立てることが可能で、個々の習熟度や希望に合わせて無理なく大学進学のための準備ができるようになっています。

過去最高の大学合格実績！

2020年度大学入試では、国公立大学23名、早慶上智32名の合格者を出すなど、過去最高の合格実績を挙げています。なかでも特筆すべきは、新しい形の高大連携を進めている上智大学に20名の合格者を出したことです。昨年11月に行われた上智大学・曄道佳明学長の講演とワークショップに触発された多くの生徒が受験した結果が、今回の合格実績に表れたようです。上智大学とは、表面的な提携だけでなく、入学前の単位認定や研究の継続など、真の高大連携を模索しています。さらに成城大学との提携も進んでおり、施設や講義、学生・生徒同士の学びの共有など、ロケーションを活かした提携を進めています。

また、近年の高い大学合格実績の背景にあるのが、夜8時30分まで利用できる講習室の存在です。大手予備校の講師が行う大学受験講座を受講できるので、校内予備校として多くの生徒が利用しています。講習室には難関大学へ進学したあこがれの先輩たちがチューターとして毎日常駐してくれていることもあり、生徒は高いモチベーションを維持したまま受験に臨むことができます。

「英検まつり」と呼ぶ取り組みも佼成女子の特色で、過去2年間に英検1級取得者8名、準1級取得者69名を出すなど、この高い英語力が難関大学への合格に結びついていることはいうまでもありません。

21世紀型教育を推進するために次々と学校改革を進める佼成女子。今、注目される学校の1つです。

佼成学園女子高等学校

所在地：東京都世田谷区給田2－1－1
TEL：03-3300-2351
アクセス：京王線「千歳烏山駅」徒歩5分

学校説明会（要予約）
11月29日(日)

夜の入試個別相談会（要予約）
11月18日(水)　11月25日(水)

出願直前個別相談会（要予約）
12月 2日(水)　12月 4日(金)
12月 7日(月)　12月 9日(水)

ニューシ速報！

巻頭のカラーページで、「withコロナ」の影響をふまえて首都圏の2021年度入試がどのように行われるのかをお話ししました。このコーナーではそこに書ききれなかったことや、カラーページの記事締め切り後に判明した情報を掲載します。

東京

併設型の中高一貫校はグループ作成問題取りやめ

都立の併設型中高一貫校5校では「高校から入学を希望する受検生」に対する第1次募集の学力検査で、国語・数学・英語の3教科について、この5校共同で作成した「グループ作成問題」を出題してきた（社会・理科は都立高校「共通問題」）。

しかし、5校のうち2校（武蔵、富士）が来春の2021年度入学生から高校段階での生徒募集を停止することに伴い、残る3校（両国、大泉、白鷗）では、今般の入試から5教科すべてについて都立高校「共通問題」を使用して学力検査を実施することを決めた。

なお、この3校は高校からの入学生（高入生）を2クラス80名（男女各40名）募集している。

ただし、両国、大泉も2022年度入試から高校募集を取りやめるので、今般の入試が高入生受け入れの最後になる。

白鷗は入学生を受け入れる校舎の整備が済んでからの移行となる。

生徒たちが作成した自校紹介ビデオが熱い

東京都では生徒たち自身が自校を紹介する動画『学校の魅力を伝えよう！都立学校魅力PR動画「まなびゅ～」』を公開しているが、都立高校での掲載は10月8日で32校にのぼっている。

内容は、各校とも生徒たちが入れ替わり立ち替わり施設や部活動、行事を熱く紹介している。情報の授業で学習したビデオの編集作業も秀逸。ぜひのぞいてみるといい。

神奈川

特色検査の実技検査で必要な提出書類を公開

神奈川県教育委員会は、10月19日、2021年度公立高校の入試「特色検査」の学校独自の提出書類を公開、HPで印刷用ページを表示して印刷すれば、そのまま提出様式として利用できる。全日制の特色検査のうち実技検査で提出が必要なのは、次の各校。

県立厚木北・スポーツ科学科

県立相模原弥栄・単位制音楽科、同・単位制スポーツ科学科

横浜市立横浜商・スポーツマネジメント科

横浜市立戸塚・単位制普通科音楽コース

川崎市立橘・スポーツ科

茨城

早くも2022年度県立高入試日程案発表

茨城県教育委員会は早くも、現中学2年生が受検する2022年度県立高校入試の日程案を発表した。過去の例をみると、ほぼこの〝案〟の通りの実施となる。

【出願期間】 2022年2月8日～10日

【志願先変更期間】 同2月17・18日

【学力検査】 同3月3日・4日

【追検査】 同3月9日・10日

【合格発表】 同3月14日

【2次募集出願期間】 同3月15日・16日

【2次募集学力検査】 同3月18日

【2次合格発表】 同3月23日

なお、すでに2022年度入試の日程を公表しているのは、首都圏では埼玉県公立がある。

受験生のための Q&A

入試直前期は苦手科目と得意科目、どちらに取り組めばいいのでしょうか？

直前期は、苦手科目と得意科目のどちらに重点をおいて勉強したらいいのでしょうか。なにを勉強しようかと迷っているうちに、時間が過ぎてしまうような気がするので、いまのうちからある程度スケジュールを立てておこうと考えています。

（東京都府中市・UY）

「総合点」を高めるためにも、苦手科目を勉強することをおすすめします

入試が近づくと落ち着かなくなり、なにを勉強しようか迷うことはよくあります。それに、苦手科目と得意科目の学習バランスも気になるところでしょう。個人差はあると思いますが、基本的には苦手科目に少し多めに時間を割いて勉強する方が効果的だと思います。

もちろん、得意科目をさらに伸ばして、より高得点をマークしようという積極性も大事です。ただし入試は総合点で合否が判断されますから、極端に苦手な科目があると、そこが不安要素となってしまいます。ただでさえ直前期は精神的に不安定になるもの。苦手科目を中心に学習を進め、そこで手ごたえを感じられれば安心感も得られるはずです。

苦手科目を学習する際は、新しい参考書などに着手するのではなく、基礎基本をもう一度総復習するという姿勢で臨んでください。以前勉強した内容で理解が不十分だったところ、基礎的な事項で間違えて覚えていたところなどを改めて確認するという勉強が、結果として得点につながっていきます。

そして、前述の通り、直前期は焦りも生まれてくるでしょう。気持ちがばかりが先走り、あれもこれも、と色々な勉強に手を出してしまいがちです。ですからそれぞれの科目について、なにを勉強するか、事前に決めておくことをおすすめします。細かい学習計画を立てる必要はありませんが、前もって取り組む教材や学習内容を決めておけば、落ち着いて、自分にプラスとなる勉強ができるはずです。

受験する学校を変更するか迷っています。いつぐらいまでに決めるべきですか？

この前受けた模試の結果が思ったより悪かったので、もともと志望校にしていた学校を変えた方がいいのかと悩んでいます。もし受験校を変えるなら、こうした判断はいつまでにすべきでしょうか。なるべく早い方がいいのでしょうか。

（東京都練馬区・SO）

直近の模試の結果だけで判断せず、周りの人ともよく相談してから決めましょう

模試の結果をしっかりと分析するのはとても大切なことです。ただ、結果の数値だけを機械的に見て受験校を判断するべきではないでしょう。直近の結果があまりよくなかったとしても、それ以前はそこまで悪くないという場合もあるかもしれません。また、模試の種類や内容によっても結果は変わってきます。

ですから今回の模試が志望校の合否基準を下回る数値データだったという理由だけで受験校を変更するのではなく、これまでのデータなども総合的に判断して、志望校として適切かどうかを考えるようにしてください。その際、自分だけではなく、必ず家族や塾の先生の意見も聞くようにしましょう。

なお、受験校を最終的に決定する時期は、その学校が第１志望校であるか、併願校であるかによっても違いが出てきます。早い時期に受験校を決定することは、それだけ過去問にしっかり取り組み、万全の準備ができるという大きなメリットがあります。ですから第１志望校は、遅くとも願書提出締切の２～３週間前には決めておくことが望ましいでしょう。

入試までの期間が少なくなるにつれて、だれもが不安から、志望校決定に際して弱気になりやすい傾向があります。自分がどうしても行きたい学校があるなら、確実に合格できる学校を確保するような受験スケジュールを組んだうえで、挑戦することも可能だと思います。周囲の大人ともよく相談して、悔いのない受験をしてください。

来年度入試の出題範囲が狭くなるというけれど、どのような対策をすればいいのでしょうか？

コロナ禍による学校休校期間があった影響で、来年度入試の出題範囲が狭くなると聞きました。受験する側として、勉強方法に変更は必要なのでしょうか。塾には通っていますが、家庭でなにか対策しておくことがあれば、教えてください。　（東京都江東区・UI）

範囲を縮小するのは公立高校の入試です。私立高校のことではないので注意してください

本誌でもたびたびお伝えしてきた通り、今春各中学校が休校となり、授業時間が十分に確保できなかった影響で、高校入試の出題範囲が縮小されます。これは中学校で授業を終えていない部分の出題を避けるための措置です。

その一例として東京都では、国語・数学・英語・社会・理科について中学３年生の履修範囲のうちおよそ７カ月で学習できる範囲に限定すると発表しました。例えば、数学では「三平方の定理」「標本調査」、英語では「関係代名詞のうち、主格のthat, which, whoおよび目的格のthat, whichの制限的用法」などが出題範囲外となります。東京都以外の首都圏各県も出題範囲の縮小を発表しています。

さて、これに対して受験生が考えなければいけないのは、ほとんどが公立高校だけではなく、私立高校も受験するという現実です。範囲縮小はあくまでも公立高校でのことです。私立高校ももちろん一定の配慮を行うことは考えらますが、これまでも独自の方針に基づいて出題していますから、必ずしも公立高校に合わせて範囲を縮小するわけではありません。

各塾では、今回縮小の対象となった分野も例年遅くとも９月から10月ぐらいには履修を終えるのが通例です。ですから今年も私立高校受験も視野に入れて対応をしているはずですので、このまま塾の方針に沿って準備をすすめていけば問題ないでしょう。保護者の方は受験生の体調面やメンタル面を中心にサポートしてあげてください。

息子は朝が弱く、なかなかすんなりと起きることができません。入試当日も起きられるか心配です。

中３生の息子の起床時間が遅く、学校も遅刻ギリギリの登校です。こんな状況なので、入試当日にきちんと起きられるか心配になってしまいます。かといって「受験生だから起きなさい！」としつこく言うのもよくない気がして……どうしたらいいのでしょうか。 （埼玉県さいたま市・KM）

入試当日に向けて、いまから少しずつ早起きを習慣化していきましょう

受験生は夜遅くまで勉強を頑張っているでしょうから、どうしても朝の起床がつらくなってしまうのも理解できる気がします。しかし、人間の脳は起床後３時間は経過しないと万全の機能を発揮しないといわれています。仮に入試が午前９時に開始されるなら、午前６時には起床していることが望まれます。

ただ入試当日のみ、この時間に起きたとしても眠気が勝り、本来の実力を発揮しにくいでしょうから、あらかじめ早く起きる習慣を身につけるようにしたいものです。

そこでまずはお子さんに、「早く起きて」とただ伝えるのではなく、「頭脳を効果的に働かせるために早く起きよう」と、早起きが必要な理由をしっかり話してみましょう。そして、ある程度の日数をかけて、少しずつ起床時間を早めていくのです。急に早く起こすのではなく、１日に５分～10分程度ずつ起こす時間を早めるのがおすすめです。２～３週間かけて徐々に取り組んでいけば、それほど苦痛を伴うことなく実現できるはずです。

同時に、受験生本人も早起きするために生活習慣を改善することが大切です。一定の睡眠時間を確保したうえで早起きするためには、就寝も早める必要があります。

まだ入試までは時間があります。慌てずに、少しずつ習慣を変えていけば、本番までには朝からすっきり勉強に臨める姿勢が整うことでしょう。お子さんの自覚を促しつつ、いまから早起きを心がけていきましょう。

二《に》松《しょう》学《がく》舎《しゃ》大《だい》学《がく》附《ふ》属《ぞく》柏《かしわ》高等学校

千葉　共学校

問題

右の図のように，放物線 $y=ax^2$ と直線 ℓ との交点をそれぞれA，Bとします。点Aの x 座標は－１で，点Bの座標はB（4，8）です。また，直線 ℓ と y 軸との交点Cの座標はC（0，2）です。このとき，□に当てはまる数字を答えなさい。

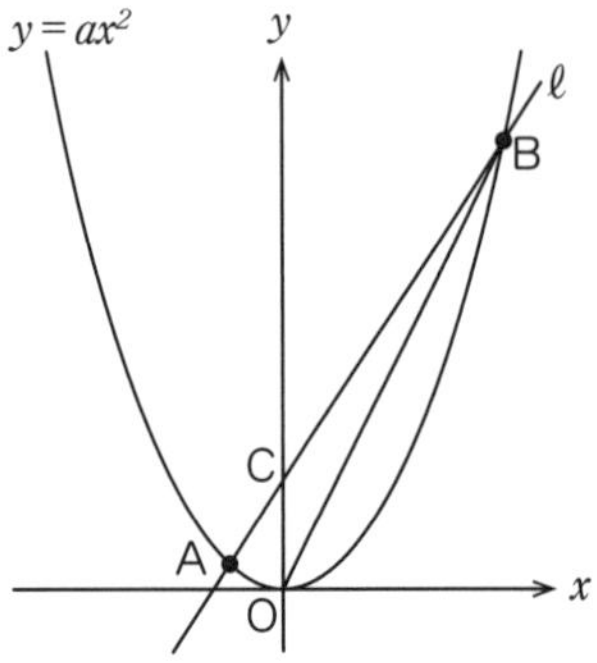

(1)　a の値を求めると $\dfrac{\boxed{\text{ア}}}{\boxed{\text{イ}}}$ となります。

(2)　△OBC：△OBD＝BC：ACをみたすように，x 軸上の $x>0$ の範囲に点Dをとるとき，点Dの x 座標は $\dfrac{\boxed{\text{ウ}}}{\boxed{\text{エ}}}$ となります。

(3)　△OABを x 軸の回りに一回転してできる立体の体積を求めると $\dfrac{\boxed{\text{オ}}\boxed{\text{カ}}}{\boxed{\text{キ}}}\pi$ となります。

解答　(1) ア1，イ2　(2) ウ1，エ4　(3) オ8，カ5，キ3

●千葉県柏市大井2590
●JR常磐線ほか「柏駅」・東武野田線「新柏駅」・JR常磐線「我孫子駅」ほかスクールバス
●04-7191-5242
●http://www.nishogakusha-kashiwa.ed.jp

説明会　要予約
11月21日(土) 11月23日(月祝)
12月 5日(土) 12月12日(土)
すべて14:00~15:30
※入試問題解説会あり
（12月12日を除く）
※施設見学、個別相談あり
（希望者）

個別相談会　要予約
12月25日(金)　13:00~17:00

立《りっ》正《しょう》大《だい》学《がく》付《ふ》属《ぞく》立《りっ》正《しょう》高等学校

東京　共学校

●東京都大田区西馬込1-5-1
●都営浅草線「西馬込駅」徒歩5分
●03-6303-7683
●https://www.rissho-hs.ac.jp/

学校説明会　要予約
11月28日(土)　14:00~
12月 6日(日)　10:00~

問題

次の各問いに答えよ。

(1)　ある学級の生徒20人のハンドボール投げの記録（m）である。階級の幅を5mとして、右の２つの表のように整理したとき、度数が２番目に大きい階級の相対度数を求めよ。

28，	29，	13，	15，	24，
24，	25，	25，	27，	11，
22，	23，	23，	30，	34，
15，	16，	19，	20，	21

階級（m）以上～未満	度数（人）
10～15	
15～20	
20～25	
25～30	
30～35	

(2)　ある高校のクラスの人数は36人で、そのうち20人が男子、16人が女子である。男子の平均体重が59kg、女子の平均体重が50kgであるとき、クラス全員の平均体重を求めよ。

解答　(1) 0.25　(2) 55kg

江《え》戸《ど》川《がわ》学《がく》園《えん》取《とり》手《で》高等学校

茨城　共学校

問題

右図の正五角形ABCDE上の頂点AにPさんがいます。

Pさんが振って出たサイコロの目の数の和だけ，Pさんは時計と反対方向に隣の頂点に移動します。

例えばサイコロを２回振ってサイコロの目が１回目３，２回目４のとき，目の数の和は７となるので，PさんはA→B→C→D→E→A→B→Cと移動し，移動後の頂点はCとなります。（一部省略）

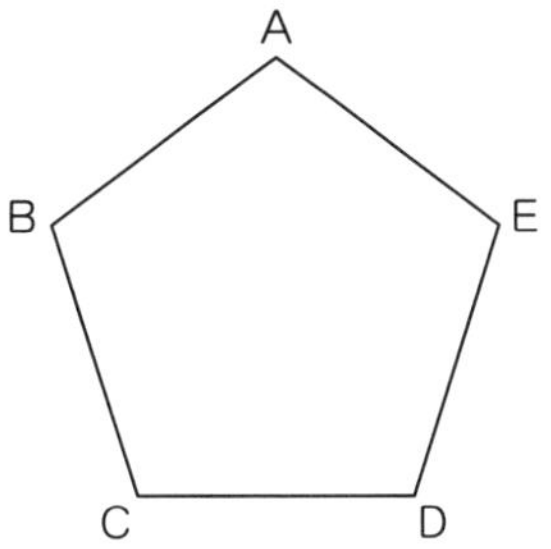

(1) Pさんがサイコロを１回振ったとき，Pさんが頂点Bにいる確率を求めなさい。

(2) Pさんがサイコロを２回振ったとき，次の確率を求めなさい。

①Pさんが頂点Bにいる確率。

②Pさんが頂点Eにいる確率。

(3) Pさんがサイコロを３回振ったとき，Pさんが頂点Aにいる確率を求めなさい。

解答　(1) $\frac{1}{3}$　(2) ① $\frac{7}{36}$，② $\frac{7}{36}$　(3) $\frac{43}{216}$　（解答は弊社にて作成）

●茨城県取手市西1-37-1
●常総線「寺原駅」徒歩20分、JR常磐線・常総線「取手駅」徒歩25分またはバス、つくばエクスプレス・常総線「守谷駅」バス
●0297-74-8771
●http://www.e-t.ed.jp/

入試説明会
11月28日(土)　9:30～11:30

佼《こう》成《せい》学《がく》園《えん》女《じょ》子《し》高等学校

東京　女子校

問題

次のルールにしたがって，図の５×５マスの中に１，２，３，４，５の数字を書き入れなさい。

（ルール）
①どの列（縦，横）にも１～５の数字が１つずつ入ります。
②太線で囲まれたブロック内のマスが１つのとき，ブロック内に書かれた数字が入ります。
③太線で囲まれたブロック内のマスが２つのとき，ブロック内に書かれた数字はマスに入る数の和，差，積，商のいずれかを表します。
④太線で囲まれたブロック内のマスが３つのとき，ブロック内に書かれた数字はマスに入る数の和または積を表します。

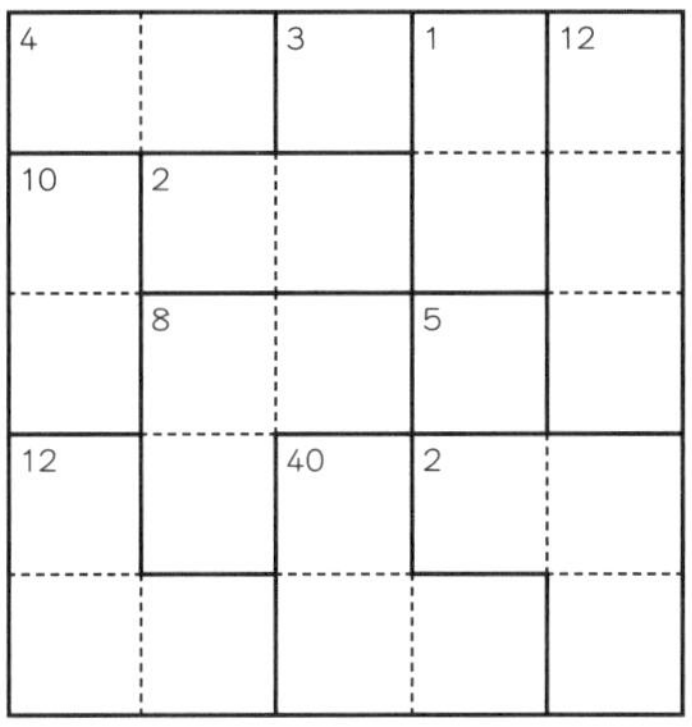

解答

1	4	3	2	5
5	2	1	3	4
2	1	4	5	3
4	3	5	1	2
3	5	2	4	1

●東京都世田谷区給田2-1-1
●京王線「千歳烏山駅」徒歩5分
●03-3300-2351
●https://www.girls.kosei.ac.jp/

学校説明会　要予約
11月29日(日)　14:30～16:00

夜の入試個別相談会　要予約
11月18日(水)　11月25日(水)
両日とも16:00～19:00

出願直前個別相談会　要予約
12月 2日(水)　12月 4日(金)
12月 7日(月)　12月 9日(水)
すべて16:00～19:00

留学クラス帰国報告会　要予約
12月19日(土)　13:30～15:00

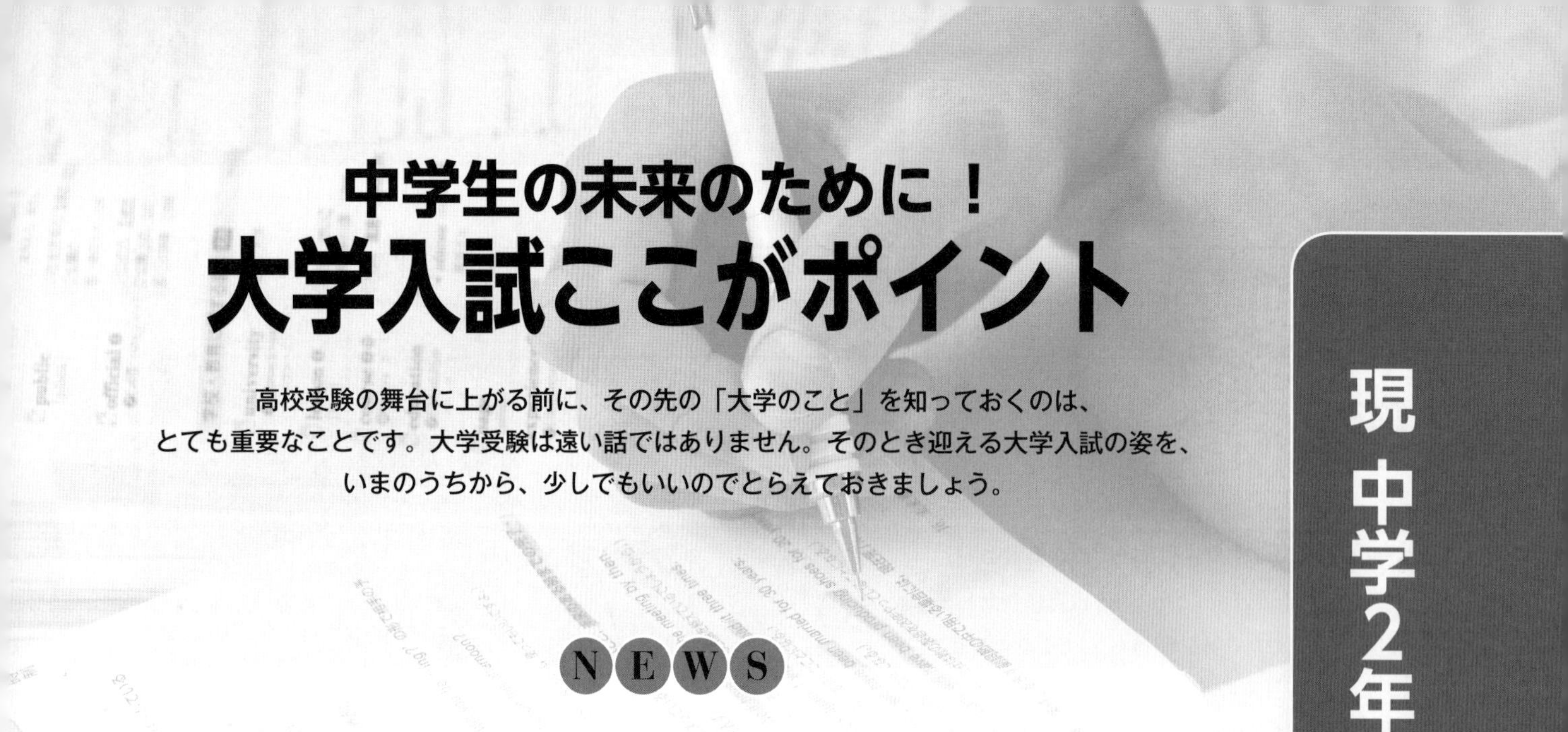

中学生の未来のために！

大学入試ここがポイント

高校受験の舞台に上がる前に、その先の「大学のこと」を知っておくのは、とても重要なことです。大学受験は遠い話ではありません。そのとき迎える大学入試の姿を、いまのうちから、少しでもいいのでとらえておきましょう。

現 中学2年生から大学入学共通テスト再編の可能性

NEWS

共通テストで「情報」新設 科目もスリム化して再編へ

新年早々、改めて始められる大学入学共通テスト（共通テスト）について、大学入試センターは2025年の1月実施から、「情報」を出題教科として新設するほか、全体の科目を大幅にスリム化する再編案をまとめ、検討していることがわかりました。

共通テストは、およそ30年続いた大学入試センター試験に代わって、初めて実施されるもので、思考力や判断力などを求められる問題がより重視される出題内容になります。

共通テストを実施する大学入試センターは、新しい学習指導要領に即した出題教科や科目、実施方法などについて、有識者や文部科学省と議論をしてきました。

現行は6教科30科目からの出題で学力が試されています。

今回まとまった再編案によれば、高校の新しい学習指導要領のもとで行われる2025年1月実施の共通テストからは、「情報」を加えた7教科21科目に再編することを案としています。

このまま実行に移されれば、本誌発売時、中学2年生からの変更ということになります。

「情報」は、「国語」「数学」「外国語」などに並ぶ出題教科として、プログラミングや通信ネットワークの活用などを学ぶ科目です。

再編案で新設検討の「情報」では、パソコンやタブレットを活用することが望ましいとされていますが、現状では「端末など全国的に均質な受験環境の確保が難しい」「機械的なトラブルを完全に排除できない」ことなど、公平性の観点から見送られ、マークシート式で出題するとしています。

「数学」は6科目から3科目に、「理科」は8科目から5科目にそれぞれ減らします。

「地理歴史」「公民」の2教科は、現在の「世界史A」「世界史B」「日本史A」「日本史B」「地理A」「地理B」（以上、地理歴史）、「現代社会」「倫理」「政治・経済」「倫理、政治・経済」（以上、公民）合わせて10科目から、「歴史総合、日本史探究」や「公共、倫理」などの6科目に変更されます。

「外国語」のうち英語については、スピーキングやライティングの試験形態は導入せず、引き続きリーディングとリスニングでの試験が提案されています。

その結果、前述の通り、現在の6教科30科目から7教科21科目に再編成されます。

（注）上記の再編案は検討中のものであり確定したものではありません〈編集部〉

初の共通テスト出願者2万人強の減

大学入試センターは今後、大学や高校など関係団体の意見をふまえて必要な修正を行ったうえで、今年度中をめどに一定の結論を出すということです。

社会で役立つ技量の獲得が新学習指導要領の狙い

今回の再編のもとになっている新しい学習指導要領（高校2022年度〜）では、高校で「情報」が必修化されプログラミングや情報セキュリティーなどを学ぶほか、「公共」では18歳選挙権の導入などを背景に主権者教育など、実際の社会のなかで対応できる力を身につけることが求められています。

当初、共通テストをめぐっては、「記述式問題の導入」や「英語の4技能を評価するための民間試験の活用」が、入試改革の柱として打ち出されていましたが、いずれも制度の不備への指摘が相次ぎ断念、見送られています。

現在、文科省の検討会議で引き続き議論されていますが、2024年度内に検討結果が公表されることになっており、今回の再編案もその結果をふまえて、必要ならば修正対応をするとしています。

現在の中学2年生は来年度以降、また高校に進学しても、再編の行方を「自分のこと」として注視しておく必要があるでしょう。

初の共通テスト出願者は53万5244人

これとは別に大学入試センターは10月、2021年度の共通テストの出願者数を公表しました。

10月14日までに確定した出願者数は53万5244人で、前年度より2万2455人の減少でした。

減少の要因は高校卒業生の減少が主ですが、共通テストが初の実施であることから、設問内容の変化に不安があることや、英語の民間試験採用の決定などが遅れ、昨年11月まで未定のまま揺れ動いたことなどで嫌われたとみられ、現役志向の強い女子などが、安全策から私立大学の指定校推薦などに多く流れたと思われます。

また、受付処理が終了したうちで、第2日程を希望した者は、わずか789人にとどまりました。

第2日程とは、今般の共通テストでは、新型コロナウイルス感染症の影響に伴う学業の遅れを、在学する学校長に認められた者を対象に設定された救済日程です。実施期日は、第1日程（1月16日と17日）の約2週間後の1月30日と31日ですが、各大学の個別試験の日程とタイトになることから敬遠されたものとみられています。

東大入試突破への現代文の習慣

東大入試を突破するためには特別な学習が必要？　そんなことはありません。身近な言葉を正しく理解し、その言葉をきっかけに考えを深めていくことが大切です。田中先生が、少しオトナの四字熟語・言い回しをわかりやすく解説します。

早稲田アカデミー教務企画顧問
田中としかね

東京大学文学部卒業
東京大学大学院人文科学研究科修士課程修了
専攻：教育社会学
著書に『中学入試 日本の歴史』『東大脳さんすうドリル』など多数。文京区議会議員として、文教委員長・議会運営委員長・建設委員長を歴任。

田中先生の「今月のひと言」

「目標」を掲げて「計画」を立てること。必ず「実行」して「必勝」につなげるぞ！

今月のオトナの言い回し

タスクフォース

大人気ドラマで注目を集めた言葉ですね。破綻寸前の企業に、バンカー（銀行員）である主人公が乗り込んで再建に奔走していたところ、国土交通大臣自らが設置した再生検討チーム「タスクフォース」が強引に債権放棄を要求してきて、国家権力とするどく対立するというストーリーは、ハラハラしましたよね。この「タスクフォース（task force）」という言葉、もともとは軍事用語です。特定の任務（タスク：task）を遂行するために編成された部隊（フォース：force）という意味であり、「機動部隊」とも訳されています。不測の事態に見舞われた場面で、各部隊から優れた兵士を臨時で招集し、迅速に作戦を実行するというのがその目的となります。ここから転じて、軍隊以外でも企業や官公庁などの組織において、特定の目的を果たすために一時的に編成される部署やグループのことを「タスクフォース」と呼ぶようになったのです。緊急性の高い重要な課題に取り組むために設置される特別チームという意味合いで、組織内の各部署から適任者を抜擢《ばってき》し、短期集中的に課題解決にあたることになります。

特別なチームであるタスクフォースを立ち上げ、その機能を十全に発揮させるためには、準備が不可欠となります。その際に重要となるポイントがあります。それは「目標」を掲げること

です。急遽《きゅうきょ》編成されたチームですので、何のために集められ、何をしなくてはいけないのか、「目標」を明確にしたうえで共有しなくてはなりません。そして次に、目標を達成するための「計画」を練り上げることです。設定したゴールに向かうその道筋についても共有しなくてはならないのです。緊急の問題解決には、それに応じたスキルやノウハウを持っている人材が集められます。それぞれが適材適所で協力して任務を遂行していくには「いつ」「どこで」「誰が」「何を」「どうする」のかをマネジメントする計画がなければ立ち行きません。そうしてスタートしたチームにとって、最後に重要となるのが「実行」することなのです。決められた期限までに何がなんでもやり遂げる、という意志がなければ絵に描いた餅に終わってしまいますから。

ドラマの中に登場した政府のタスクフォースは「敵役《かたきやく》」でしたが、現在、永田町・霞が関にあるリアルな日本政府にはどのようなタスクフォースが存在しているのでしょうか？　時事問題でも取り上げられる可能性がありますので、事例を一つ紹介してみたいと思います。今年は新型コロナウイルスによるパンデミックの発生で予想もしなかった状況に陥りましたが、「新しい生活様式」という言葉とともに、あらゆる場面での変化が求められる事態になりました。教育の世界も一気に変革の時代に突入したといえます。もともと２０２０年の今年は新しい学習指導要領がスタートするタイミングでもあり、大きな転換期の年度として注目されていたのです。そこに新型コロナウイルスの感染拡大が重なり、緊急時にも学習を継続させるオンライン学習を始めとした「教育でのＩＣＴ活用」を求める声が大きくなったのは記憶に新しいところでしょう。旧態依然の学校教育システムの限界が露呈して、根本的に見直す機会にもなったといえます。「教育のデジタル化」についての提言なら、これまでにも何度もあったのです。「子供たち一人ひとりに個別最適化され、創造性を育む教育ＩＣＴ環境を整える」ことなど、閣議決定までされています。それでも具体化されずにきたことが、今回の事態を招いてしまったのです。

ついに政府は「デジタル化タスクフォース」を設置することを決めました。菅首相が教育分野におけるデジタル化について指示したのです。具体的な検討項目として、①学習履歴（スタディ・ログ）等の利活用　②教育ビッグデータの効果的な分析・利活用の推進　③ＩＣＴ活用の抜本的拡充に対応した情報通信基盤の在り方　④デジタル技術による教育手法や学務の高度化・効率化　⑤デジタル化の担い手となる人材の育成、といった五つを掲げて取り組みをスタートさせます。いよいよ政府が本気で動き出しますよ。

「タスクフォース」というと、あまり馴染みのない「別の世界」でのお話のように聞こえるかもしれませんが、教育の現場でも現実のこととして事態は動いていますからね。また、「目標」を掲げて「計画」を立て「実行」に移す、ということについては受験生である皆さんにとっても身近な関心事ではないでしょうか。早稲田アカデミーの「必勝志望校別コース」は、志望校合格という目標実現に向けて設置された「タスクフォース」であるといえます。エキスパート講師が集結し、徹底的な分析に裏付けられたカリキュラムに基づいて、何がなんでも目標達成まで導いていく、という部隊なのですから。「必

勝」という冠にはこうした覚悟が刻まれているのです。皆さんも「目標」からは決して「目」をそらさないでくださいね。

今月のオトナの四字熟語

中途半端

「どうして切りのいいところまで頑張って仕上げようという気持ちにならないのでしょうか?」と、ある生徒のお母様から相談を受けました。生徒の勉強の様子を観察? していたお母様が気付いたというのです。「あとちょっと解き進めれば問題集のページが終わるところだというのに。もう少し続けていけば参考書の単元が終えられるところだったのに」お母様に言わせれば「えっ、そのタイミングで勉強をやめてしまうの?」という気持ちになるのだそうです。科目ごとに勉強時間を自分で設定していて、次に移らなければならなかったのではないでしょうか、と生徒をかばうつもりはないですが「よくあることですよ」というニュアンスで話したのですが、お母様は納得しません。「切りのいいところまで、あと少しと毎日頑張り続けたとしたら、その積み重ねはとても大きな差になると思うのです」そうですね、その通りです。習慣にすることの大切さは私も口をすっぱくして伝えています。「毎日そのあと少しを切り捨ててきているうちの子は、そのことに気付かないのでしょうか? 中途半端な態度が歯がゆくてしかたがありません」わが子に対して、もっとこうすればいいのに! と良かれと思ってしているはずのアドバイスが、どうしてできないの! というマイナスの感情をぶつけることになってしまうと、本末転倒ですよ。「もし……していたら、もし……していれば」の「タラレバ」は、「捕らぬ狸の皮算用」と心得ましょう。それともう一つ、お母様にとっては驚きの実証結果についてお伝えしたいと思います。「目標が達成されない行為に関する未完了課題についての記憶は、完了課題についての記憶に比べて想起されやすい」ということが心理学的に示されているのです。この現象は「ツァイガルニク効果」と呼ばれています。心理学者のツァイガルニクさんが提唱しているからですね。人間はものごとを中断させつつ作業する方が記憶に残りやすいと、実験で検証されたのです。例えば2時間しかない映画よりも、毎週1時間で10週にわたって続くトータル10時間もあるドラマの方が、ストーリー展開をしっかりと覚えていられるというのはこの効果なのです。「来週に続く」という、毎度毎度の中途半端なエンディングが、極めて有効なのですね。完成されたものより、未完成のものに興味がわいてしまうという人間の性《さが》でもあります。ですから「中途半端」になってしまうというお子さんの勉強も、むしろ記憶の面では効果的だと考えてあげてはいかがでしょうか。なんだか「だまされているのでは?」といった面持ちのお母様でしたが、突然「ひらめいた!」といった様子でおっしゃいました。「中途半端の効果はわかりました。でしたら、切りのいいところまで終わらせてから、もう一息、頑張ってはみ出すようにすればいいのではないでしょうか!」いや、お母様、鬼ですか! でも、嫌いじゃないですね、その発想。むしろ好きです。

将来の大学受験のためにどんな学習が必要なのかよくわからない……。そんな中学生の皆さん、ご安心ください！　早稲アカ大学受験部の吉田先生と古居先生が、「大学受験の英語／国語」についてわかりやすく解説します。

早稲田アカデミー
大学受験部
英語科責任者 兼
たまプラーザ校校長
吉田《よしだ》 勇輝《ゆうき》

早稲田アカデミー
大学受験部
国語科責任者 兼
池袋校上席
古居《ふるい》 美香《みか》

国語編

Q1 国語が得意で、テスト勉強したことがありません。大学受験もこの調子でいきます！

A ちょっと待って！　大学受験では、国語でも覚えるべき「知識」の量が格段に増えるんです！

高校受験の「古文」では、文法を細かく理解したり、たくさんの古文単語を暗記したりする必要はありません。でも、大学入試は違います。助動詞や助詞の詳細な使い分けや多くの単語の意味をきちんと把握しないと、出題される古文を読むことすら難しくなってしまいます。特に古文単語は多義語が多いため、それぞれの意味と用法を理解する必要があります。例えば「いみじ」という単語には①すばらしい②ひどい③とても、という３つの意味があります。①と②は形容詞的な用法ですが、意味は正反対。③は副詞的な用法です。ちょうど現代語の「やばい」に相当する語なのですが、全ての意味と用法をきちんと理解していないと、適切な現代語訳は書けません。

漢文も同じです。大学入試では、返り点や送り仮名が付いていない「白文《はくぶん》」が出題されることがありますから、文法にあたる「句法」を理解したり、頻出漢字の意味や用法を覚えたりすることは必須です。「国語は何となくできる」は、大学受験では通用しないことを覚えておいてください！

Q2 国語の学習はいつごろから本格的に始めればよいですか？

A ぜひ高１から始めてください！　それが３年後、大きなアドバンテージになります。

Ｑ１で述べたように、大学受験では国語でも膨大な知識が必要となります。

同じ難関大学を目指す中高一貫校生のなかには、中１のときから古文・漢文の体系的な知識を学んでいる生徒もいます。例えば、皆さんのなかにも「百人一首」をやったことがある人は多いと思いますが、中高一貫校では中学校の間に百首全てを暗記させ、解釈なども含めて定期試験に出題しているところもあります。百人一首の知識は和歌の修辞法を理解したり、古文常識と呼ばれる古文の世界観を理解したりする面でとても有効なのです。

この差を埋めるためにも、ぜひ高１の最初から国語の学習に取り組んでください。高１のうちに知識を固めることができれば、高２から演習や入試対策を行うことができます。高２の終了時までに国語の入試対策ができていると、高３で理科・社会の対策に時間を掛けることができ、東京大学などの最難関大学を目指すことが可能になります。吉田先生の言う通り！　大学受験は全ての科目の「総合的な力」が大切なのです。

早稲アカ大学受験部が教えます！

大学受験 基本のキ

英語編

Q1 高校でも、中学校と同じペースで勉強すれば大学入試に間に合いますよね?

A 油断大敵！　単語や文法の勉強は、「勉強を始めるための準備」に過ぎないと考えてください。

大学受験に向けた英語の学習で一番大切なことは何だと思いますか？　正解は、「英語を高２までに完成させること」です。なぜなら、英語の学習が高３までもつれ込んでしまうと、高３で理科・社会の学習に十分な時間を確保できなくなるからです。難関大学では、理科・社会が合否の分かれ目となります。英語だけできれば合格できる大学などありません。まずはそのことを、しっかり意識してください。

では、逆算して考えてみましょう。英検®やTEAPなどの英語民間検定試験を高２で受検するためには、それに向けたリスニング、スピーキングの対策に高１のうちから取り組まなくてはなりません。同様に、高２でリーディングの学習を深めていくためには、高１で語彙《ごい》や文法の知識量を増やしながら英文解釈にも取り組む必要があります。「大学受験までまだ３年ある」とぼんやり考えている人は要注意。自分が目指す大学に合格するには「いつまでに」「どのレベルの完成度が求められるのか」を具体的に考えてみましょう。

※英検®は、公益財団法人 日本英語検定協会の登録商標です。このコンテンツは、公益財団法人 日本英語検定協会の承認や推奨、その他の検討を受けたものではありません。

Q2 暗記のコツ、リスニングのコツを教えてください！

A 共通するポイントは、“正しい方法で取り組む”“習慣化する”です。

暗記が得意な人はそうそういません。でも、ベッドに寝転がって単語帳をぼーっと眺めていることを“英単語の暗記”と勘違いして、「自分は暗記が苦手だなあ……」と思っている人はいませんか？　英単語は、①見て②発音して③書いて④テストをするといった具合に、複数のインプットを組み合わせると効果的です。そして、何よりも大切なのは「頻度」です。いうまでもなく毎日取り組みましょう。１日20分ほどで構いませんから、英単語の学習をする時間帯を曜日ごとにあらかじめ決めておくのがよいでしょう。

また、2021年度から大学入試が大きく変わります。英語に関していえば、「長文を読めさえすれば大学に入れる」時代は、もう終わります。これまで日本人が最も苦手としていたリスニングとスピーキングの重要度が上がっているのです。リスニングの力を効果的に伸ばしていくためには、習慣的に英語の音声を聞ける環境に身を置くことが重要です。学校だけでなく、それ以外にもネイティブやバイリンガルと会話する機会を持つことをおすすめします。

2020年 早稲田アカデミー 大学入試現役合格実績

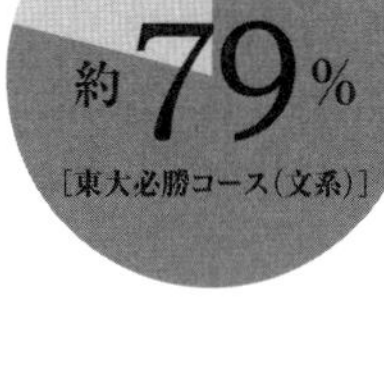

東大必勝コース文系に継続して在籍した生徒(5月～2月まで継続した生徒)の東大進学率

早慶大必勝コース文系1組に継続して在籍した生徒(5月～1月まで継続した生徒)の早慶上智大進学率

東京大学 81名合格

早慶上智大 521名合格

こちら東大 はろくま情報局

東大に2割弱しかいない「東大女子」の特徴とは？

突然ですが、みなさんは「東大女子」に対して、どんなイメージを持っていますか？「変人が多そう」「理屈っぽいんじゃない？」など、少しマイナスなイメージが浮かぶ方もいるのではないでしょうか。もしくは、最近流行っている、東大生が出演しているクイズ番組やYouTubeを見て、才色兼備な人、雑学の豊富な人が多いという印象を抱く方もいるかもしれませんね。

耳にしたことがある方もいると思いますが、東大は女子の割合が極端に少なく、現在も2割に満たない数しかいません。今回はそんな東大女子の特徴を、東大女子の1人である私が独自の目線でたっぷり語っていきます！

まず1つ目の特徴は、結局みんな「普通の女の子」だということです。これを特徴としてあげたくなってしまうのは世間から持たれる印象の影響も大きいのですが、どの東大女子も中学生のみなさんと同じように、楽しいときははしゃぎますし、仲のいい子同士でする恋愛トークは興味津々で盛り上がります。

とはいえ、大学内では圧倒的少数派なので、女子だけで固まっているというよりは、大勢の男子のなかにいても平気なタイプの人が多いと思います。私自身、1、2年生のときは34人中女子は2人というクラスにいたので、相当鍛えられました。

まだまだほかにもこんな特徴が！

続いての特徴は、「しっかり意見を言う人が多い」です。これは決して自分の意見を押しつけてくるという意味ではありません。人の話をきちんと聞いたうえで、自分なりに考えたことを伝えてくれるので、話す方も話しがいがありますし、人によって色々な視点の意見が出てくるのでとてもおもしろいです。

たとえ雑談であったとしても、ある出来事に対してどう思ったか、1人ひとりの感想を聞けることが多いですし、もちろん講義中のグループワークでもみんなしっかり発言するので議論が深まります。個人的には東大男子より東大女子の方が、しっかり自分の意見を持っているように感じます。

そして、とにかく「個性豊か」というのも1つの特徴です。もしかするとこれが東大女子の一般的なイメージにつながっているのかもしれません。好奇心が強く、様々なことに挑戦して成果を残す人が多く、しかもそれぞれ取り組んでいることが全然違うので、東大女子で集まるとその話を聞くだけでたくさんの刺激を受けます。

また、私の周りの東大女子を見ていると、学業やサークル、アルバイト、趣味など、色々なことに取り組んで毎日忙しく過ごしている人も多い印象があります。

みんな好きなことはとことん極める傾向にあるため、その結果、

私の周りの東大生

忙しいながらも楽しく 研究漬けの毎日を送るSさん

大学院工学系研究科バイオエンジニアリング専攻１年生Ｓさん

バイオエンジニアリング※分野の研究室で細胞内で起こる事象を化学的に解き明かしていく研究を行う、優秀で素敵な東大女子のＳさん。なかでも小胞体やミトコンドリアという細胞内小器官にかかわる研究に注力しており、これらを将来、神経細胞の仕組みについての研究につなげたいと話します。この研究は大学４年生の卒業研究で始めたものですが、まだまだ奥が深く、今後もしばらくは続けていく予定だそうです。

Ｓさんのように、自分とはまったく異なる分野の研究をしている方を見ると、なぜそのテーマに取り組むことにしたのかが気になり、Ｓさんの研究室では研究内容をどう決めるのか伺いました。すると、「知識が浅いうちは先生からテーマの選択肢を提示してもらうこともありますが、大学院生になると基本的に自分の判断と裁量で研究を進めていきます。研究を進めるうちに、自分でもやるべきことが見えてきて、だんだんとのめり込んでいきますね」とＳさん。

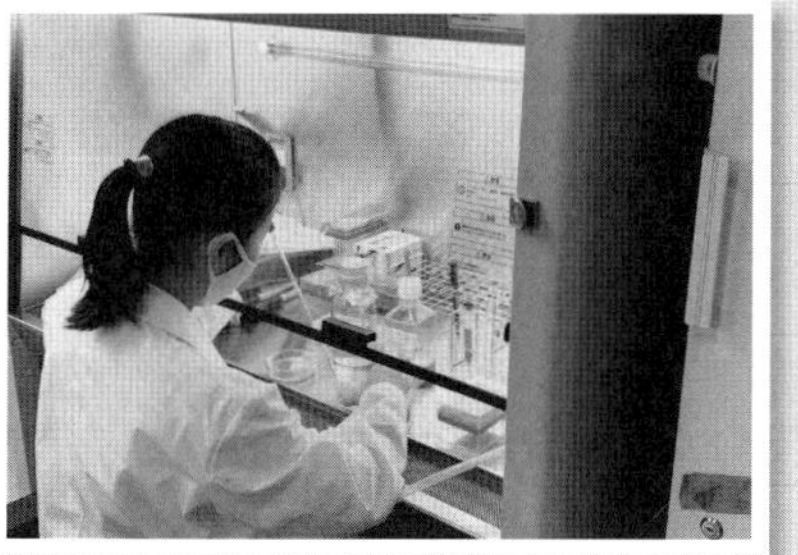
日々研究に励むＳさん

現在は週６日研究室に通い、自分で培養した細胞や研究用のマウスの世話をしたり、顕微鏡で細胞の観察や記録などを行って、それらを分析することで研究に活かしています。毎日忙しいけれど、日々楽しんで研究が続けられているといい、修士課程を終えたら博士課程にも進み、現在の研究で成果を残したいと話していました。

海外での勤務も視野に研究に全力で取り組む

さて、将来は海外の大学で研究員として働いてみたいと話すＳさんは、３年生の学年末から半年間、交換留学でスイスの大学で学んでいました。街中はフランス語ばかりで、スーパーでもほしいものが見つけられずに苦労したそうですが、英語が堪能なＳさんはたくさんの友だちを作って旅行などにも行き、とても楽しい思い出が作れたといいます。

Ｓさんは昔から目の前のことに全力で取り組む性格で、高校時代も将来のことはほとんど考えておらず、まさか大学院まで進むことになるとは夢にも思っていなかったそう。進路を慎重に選ぶのも大切ですが、一度決めた道を全力で極めるというのも重要なことだと思いました。みなさんもまずは目の前のことに全力で取り組んでみると、おのずとやるべきこと、やりたいことが見えてくるかもしれませんよ！

※機械工学、医学、生物学など様々な学問を融合させた研究分野のこと

はろくま
東大理科一類から工学部都市工学科都市計画コースへ進学した東大女子。趣味はピアノ演奏とラジオの深夜放送を聴くこと。

やるべきことが膨大になって、とにかく時間を有意義に使おうと工夫しています。これまで左のインタビューコーナーで紹介してきた東大女子たちにも、忙しくも、なんて充実した日々を過ごしているのだろうと毎回驚かされます。

私が感じる東大女子の特徴を紹介してきましたが、いかがでしたか？ 少しでも親近感がわいてくれたら嬉しいです。こうした特徴は、すべて東大女子の魅力につながると考えます。今回のインタビューコーナーも東大女子が登場するのでぜひ読んでみてくださいね。

キャンパスデイズ 十人十色

早稲田大学
文化構想学部　4年生

土屋《つちや》　友乃《ゆの》さん

メディアが扱う様々な作品を幅広くカバー 自分の興味に合わせて学べる

積み重ねた努力が大学受験成功のカギ

Q 早稲田大学文化構想学部を志望した理由を教えてください。

元々は理系クラスで学んでいましたが、高3の春に文系に転向し、文化構想学部を受験しました。進路を考えたとき、年齢に関係なく、より多くの人に影響を与えられるようになりたいと思ったのがきっかけです。

文学や映像コンテンツなど、世代を超えて受け継がれるものを学びたいとの思いから、それらを幅広く学べるこの学部を選びました。

高3で大胆に進路を変更することができた理由の1つは、指定校推薦（現在は学校推薦型選抜）での受験を選べたからです。学校の勉強にはコツコツと取り組み、理系クラスにいても文系科目をおろそかにしないようにしていたので、文系に転じても成績の面であまり不利にならなかったんです。指定校推薦は高1から高3までの成績で推薦されるかどうかが決まるため、毎日の努力が実を結んだ形となりました。

Q どんなことを学んでいますか？

この学部では、1年生のときに論文の書き方など学術の基礎に加え、英語や第二外国語を必修科目として学びます。2年生からは6つの論系（※）に分かれ、それぞれ専門知識を深めていくという流れです。

なかでも私は「表象・メディア論系」を選択し、メディアが扱う様々な映像作品や写真、演劇などについて分析しています。具体的には、シェイクスピアや歌舞伎といった古典についての知識を学んだうえで、それが現代のドラマや漫画、映画にどのように活きているかを考えます。

扱う内容が多岐にわたっているだけでなく、カリキュラムの自由度も

高いため、自分が学びたいことを好きなように学べるところが、この学部の魅力です。取得しなければならない総単位数は決まっていますが、ほかの学部や論系の講義も受けることができ、幅広く選べます。

Q 思い出深い講義はありますか？

この学部ならではだなと思ったのは、1年生のときに受けた「月9」についての講義です。「月9」とは、フジテレビ系列で月曜日の夜9時から放送されるドラマ枠をさします。

アパートの部屋番号や時計がさす時間など劇中で使われている数字にはどんな意味があるのかを考察したり、映像におけるアングルの大切さを学んだりと、視聴者として見ているだけではわからない色々な観点を知ることができました。講義を受けてからは、ほかのドラマを見ていても出てくる数字やアングルを意識するようになったので、ドラマを見る視点が変わったなと実感しています。

Q 将来はどんな仕事に取り組む予定ですか？

来年からは、映画やCM、ドラマなどの映像を制作する会社に勤務します。どこで撮影するかを決め、どんな流れで制作を進めていくかを管理するプロデューサーの役割を担当する予定です。

就職先を決定づける理由となったのは、大学で参加していたサークル活動です。英語会という120年以上の歴史を持つ団体で、英語の演劇を制作する「ドラマ」のグループに所属していました。

毎年11月にある大会に向けて準備をしていくのですが、とくに印象に残っているのは、3年生のときに大道具・小道具のチーフを担当したことです。200人以上のメンバーとコミュニケーションを取りながら、大会に向けて全体を引っ張っていくのは大変でしたが、身についたことも多かったですね。大会当日、劇が無事に終わったときは、感動と達成感でみんな盛り上がりました。

この経験を通して、演劇に限らず「モノづくり」の現場に携わりたいという気持ちが強くなり、現在の就職先を選ぶにいたりました。こうした活動を含めた大学での学びを活かして、やりがいを持って様々な作品の制作に取り組んでいきたいと考えています。

Q 読者にメッセージをお願いします。

中学生のときは、「苦手な科目は勉強したくないな」とか、「この知識はムダじゃないか」と感じることもあると思います。でも、そのとき全力で取り組めば、あとから結果として返ってきます。必ずどこかで活きてくるはずなので、色々な分野をまんべんなく勉強してほしいです。

TOPICS

勉強は日々の復習が大事 習慣化して結果につなげる

私の勉強スタイルが確立したのは中2のときで、そのきっかけは親といっしょに行った高校の見学会でした。私が志望した学校は両親にすすめられた学校よりも偏差値が高かったため、もっと自分が勉強しなければならないと気づき、受験勉強に取り組むようになりました。

とくに効果的だったのは、学校から帰ってきたら必ず、復習の時間を作ること。その日に学んだ範囲のワークを解いておくだけで、テスト前の勉強がとてもラクになります。成績も安定し、結果につながるのを実感できたため、高校でも継続していました。小さなことですが、続けると大きなアドバンテージになりますよ。

※多元文化論系、複合文化論系、表象・メディア論系、文芸・ジャーナリズム論系、現代人間論系、社会構築論系

サークル活動で作成した舞台装置。劇の場面に合わせて回転や開閉するよう作られています

舞台の小道具を作る土屋さん。ここでの経験が、就職にもつながっています

高校時代に使っていたノートの写真。数学の自習だけでこの量を使っていたというのだから驚きです

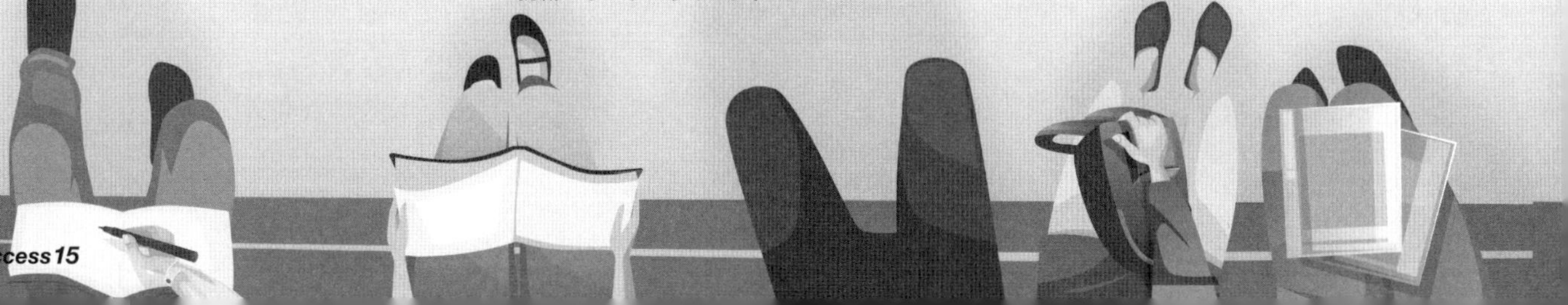

その研究が未来を拓く

研究室にズームイン

東京理科大学 理工学部
電気電子情報工学科 木村研究室

木村真一 教授
（きむらしんいち）

スペースデブリ除去をめざし「目」と「頭」として動く装置を開発

中学生のみなさんにはあまりなじみがないかもしれませんが、日本には数多くの研究所・研究室があり、そこではみなさんの知的好奇心を刺激するような様々な研究が行われています。このコーナーではそんな研究所・研究室での取り組みや施設の様子を紹介していきます。今回は、スペースデブリの除去と宇宙居住についての研究を行う東京理科大学の木村真一教授です。

資料提供　木村研究室

©bigmouse / PIXTA

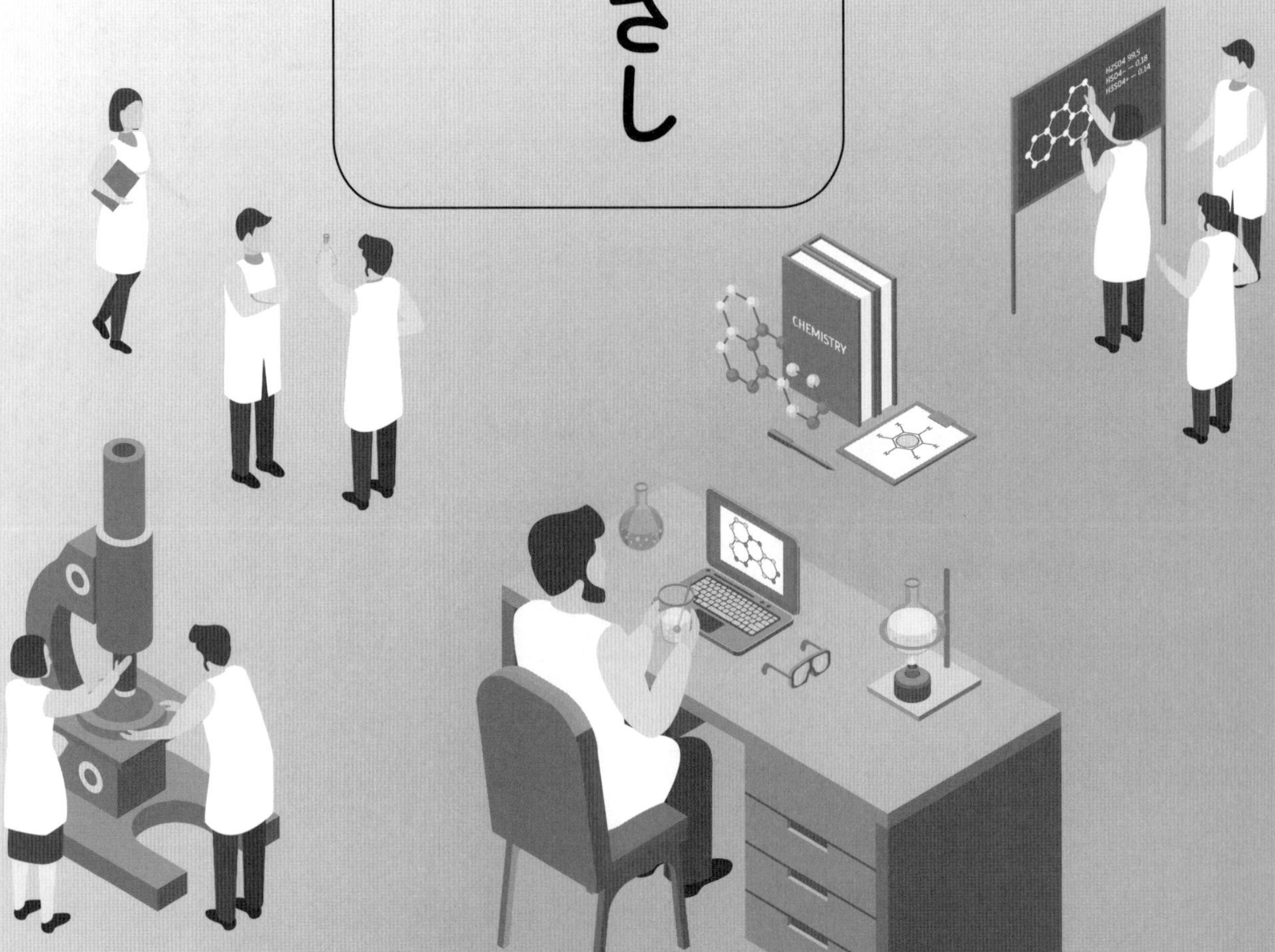

私たちの生活を便利にする人工衛星

旧ソ連によって1957年に初めて打ち上げられた人工衛星。それから63年が経った現在、人工衛星は私たちの生活に密接な関係を持ったものとなっています。

例えば、テレビ中継や衛星放送などに使われる通信・放送衛星、毎日の天気予報はもちろん、台風の進路予測に欠かせない地球観測衛星など、人工衛星があることによって私たちは便利で快適な生活を送っています。

【下図】を見てみましょう。このように、地球の周りには、膨大な数の人工衛星が飛んでいます。世界の様々な国が、色々な用途で打ち上げているためです。なかには、利用が終わったものもあるのですが、それらも未だ地球の周りを飛び続けており、数は増えるばかりです。こんなに多くの人工衛星が飛んでいて問題はないのでしょうか。

東京理科大学の木村真一教授は、「使われなくなった人工衛星は、宇宙のゴミ『スペースデブリ（以下、デブリ）』となってしまいます。

今後打ち上げるものは、使用後は大気圏に再突入させて燃やすなどのプログラムを組み込むことが推奨されていますが、以前はそうした考えがありませんでした。

そのため、デブリが数多く存在することになり、その処理が課題になっています」と話されます。

木村《きむら》 真一《しんいち》

東京大学大学院薬学研究科製薬化学専攻博士課程修了後、独立行政法人情報通信研究機構（旧・郵政省通信総合研究所）に就職。2007年より、東京理科大学理工学部電気電子情報工学科教授。同大学スペース・コロニー研究センター副センター長。

人工衛星は衝突すると大爆発を起こす

「使用中の人工衛星に影響がなければデブリを除去しなくてもいいのでは？」と考える人もいるかもしれません。しかし、数が多くなると、各人工衛星が飛んでいる軌道が少しずれただけで衝突してしまうという危険性が高まります。

人工衛星は、高度にもよりますが、秒速7㎞を超えるものもあるなど、

中央に地球があり、その周りを飛ぶ人工衛星を表した図。1つひとつの丸が人工衛星です。地球の周りにはこんなにも多くの人工衛星が飛んでいます。

目=カメラ

これらのカメラは「IKAROS（イカロス）」とともに宇宙へ飛び立ちました。㊧は、手の平にのるほどの小ささです。

カメラの目に相当する「基板」。よく見ると、東京理科大学のロゴと「木村研究室」という文字が見えます。

「はやぶさ2」に搭載された木村研究室製のカメラ。「リュウグウ」へのタッチダウンを写した画像は記憶に新しいのではないでしょうか。

とても速いスピードで飛んでいます。ですから、人工衛星同士がぶつかってしまうと大爆発が起こるのです。爆発によって大量の破片が飛び散り、その破片がさらにほかの人工衛星に影響をおよぼすことも考えられます。

実際に2009年にアメリカとロシアの人工衛星が衝突した際は、少なくとも600個の破片が宇宙空間にちらばったといわれています。

このような事態が起こることから、デブリ除去は大きな課題となっています。「こうしたデブリに関する問題は2000年ごろから叫ばれていました。しかし、現時点で1つも除去されていません。人工衛星はデブリとなっても高速で飛んでいるので、つかまえるのは至難の業です。

除去のために必要なのは、人間で例えると、『手』『目』『頭』で、私はおもに『目』と『頭』の開発をしています」と木村教授。

「手」はみなさんが想像するであろうデブリをつかまえるためのものです。粘着剤をつけた棒にくっつける、銛《もり》で刺すなど、色々な方法を各国が考えていますが、人工衛星は元々つかまえることを想定して作られていないため、確実な方法がいまのところないそうです。

「目」とは、デブリを見つけるカメラのこと、「頭」とは、地上からの指令を受け取る計算機のことです。

木村研究室製のカメラはすでに宇宙へ

デブリがどこにあるかは地上からでもわかるそうですが、それは数㎢の範囲内のどこかというおおよその位置になるため、除去にあたってはデブリを見つけるための「目」が重要になります。

木村教授の研究室には宇宙用のカメラを作るための設備が整っており、これまでにも何台もカメラを自作してきました。

「研究室で作るカメラの特徴は、宇宙専用の部品を使用するのではなく、みなさんが使う一般的なカメラの部品のなかから、宇宙でも使用可能なものを見つけ出して製作することです。そうすることで工場を持たない一大学の研究室でも作ることができます。さらに、コストも下げられます」と木村教授。

宇宙用の機器は、真空状態でも使用可能で、放射線に強いことが求められます。木村教授によると、同じ部品であっても、作られた工場や時期によって、放射線への耐性が変わるといいます。

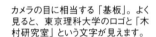

そのため、部品は200〜300個まとめて購入するそうです。もしその部品を使ったカメラが宇宙で使えるとわかれば、同じ部品で新たなカメラを作ったとしても宇宙で使用できる可能性が高くなります。

研究室内には、できるだけ埃が入らないよう、つねに換気しているクリーンブースや、温度を急激に変えて衝撃を与える試験装置など、様々な設備がそろっています。こうした設備を活用しつつ、真空状態や太陽と同じ明るさの光を当てた状態でも撮影できるかどうか実験を繰り返し、よりよいものを作っていきます。

デブリ除去をめざしカメラ開発を進める木村研究室ですが、その性能の高さから、小惑星探査機などに搭載され、すでに宇宙へと飛び立っているものもあります。それらのカメラが撮影した画像は、読者のみなさんも新聞やテレビで目にしたことがあるのではないでしょうか。

小型ソーラー電力セイル実証機「IKAROS（イカロス）」の帆を広げた姿、そして、小惑星探査機「はやぶさ2」の小惑星「リュウグウ」へのタッチダウンの様子。これらは、どちらも木村研究室製のカメラによって撮られたものです。どのカメラも小さく、イカロスに搭載されたものの1つは、2㎝×3㎝×5㎝というから驚きです。

「宇宙用カメラには、ピント調節やズームといった機能は搭載しないため、小さくデザインすることも可能です。どのような形のカメラを作るかという構造の設計も自分たちで行います。カメラが撮影した画像を目にするとやはり感動しますし、達成感があります」（木村教授）

故障にも対応できる賢い計算機を作りたい

次は地上から送られた指令に基づいて「目」や「手」を動かし、画像を地上に送るなどの役割を担う「頭」、計算機についてみてみます。

じつは宇宙用機器の性能は時代遅れといわれています。地上ではパソコンにしてもスマートフォンにしても、どんどん最新のものが出ていますが、そうした機器と比べると、宇宙で使う計算機の性能は、10年も昔のものと同等であることが多いそうです。それは最新の性能を搭載することよりも、絶対に壊れないことを優先して作るというのが理由です。

「もし故障しても、宇宙ではすぐに修理することができません。ですから、新しい技術よりも確立された技術を使って故障しないものを作る

研究設備

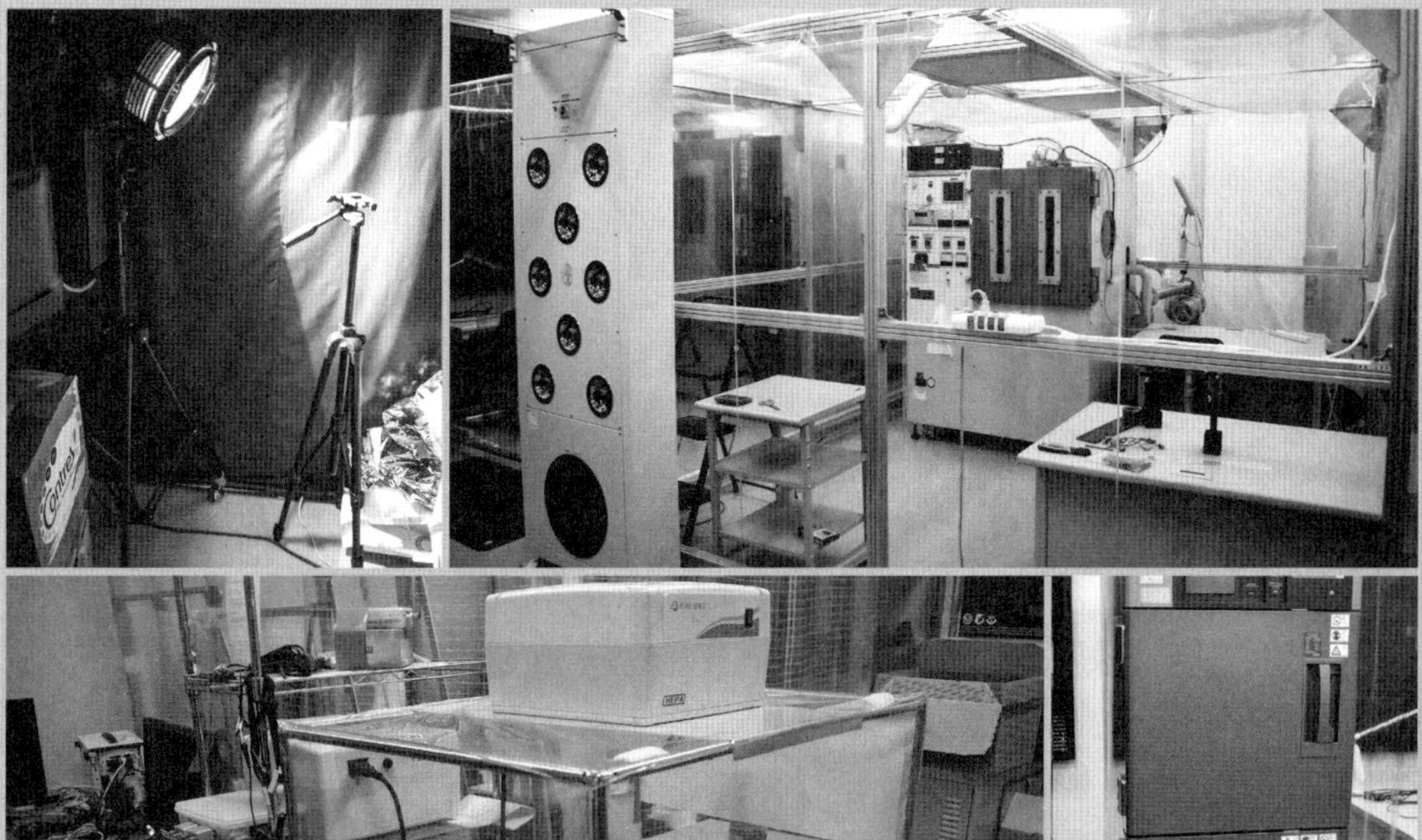

様々な設備を駆使して、カメラを作り出します。例えば、熱衝撃試験装置（右下）は、180℃からマイナス80℃まで一気に温度を変えることができます。宇宙は太陽光が届くか届かないかで温度が急激に変化するため、熱衝撃を与えても故障しないかどうかの実験が必要になるのです。

のが一般的です。しかしそうすると、性能が低くなります。そこで、私はたとえ故障したとしても、なんとか機能を維持できるようなものを作れないかと考えました」（木村教授）

その言葉通り、木村研究室では、複数あるロボットアームそれぞれに計算機を入れ、組みあわせることで、どれかが故障したら、ほかの計算機が故障した部分を直す、もしくは故障部分を取り外すことができるといったロボットを作っています。

「現在、研究室の学生が、計算機にAIを取り入れることを検討しています。デブリ除去のためには、いまよりもさらに賢い計算機を作らなければなりません。私は昔から、自分で考えて行動する、人間の期待を超えた活躍を見せる計算機を開発する、という野望を持っています。理想は『ドラえもん』です（笑）」（木村教授）

研究室内には、前述のカメラ開発にかかわる設備に加え、計算機の設計から運用テストまでできる設備も充実しています。故障にも対応できるよう、わざと不具合を起こして、どのように対処するかを確かめつつ計算機の信頼性を高めています。

薬学の視点を活かした発想

「故障しても動き続ける」という発想は、大学そして大学院時代に専攻していた薬学の学びが基になっているそうです。

ここまで、宇宙に関する研究についてお伝えしてきたので、木村教授が薬学部出身だと聞いて、みなさんも驚かれたのではないでしょうか。

学生時代は、たとえケガをしても、ほかの部分でその役割を補って適応していくという動物の仕組みに興味を持っていたそうです。

転機が訪れたのは、就職活動のとき。ある研究所での面接の帰り道、「ケガをしても動き続ける動物の仕組み」についての研究を応用し、「故障しても動き続ける」機器を開発できないかと思いつき、電車のなかで研究提案書を書いたそうです。のちに上司となる方がその発想に興味を

「イカロス」の計算機。研究室にある装置で様々な指令を与える運用テストを行いながら、高性能なものに仕上げていきます。

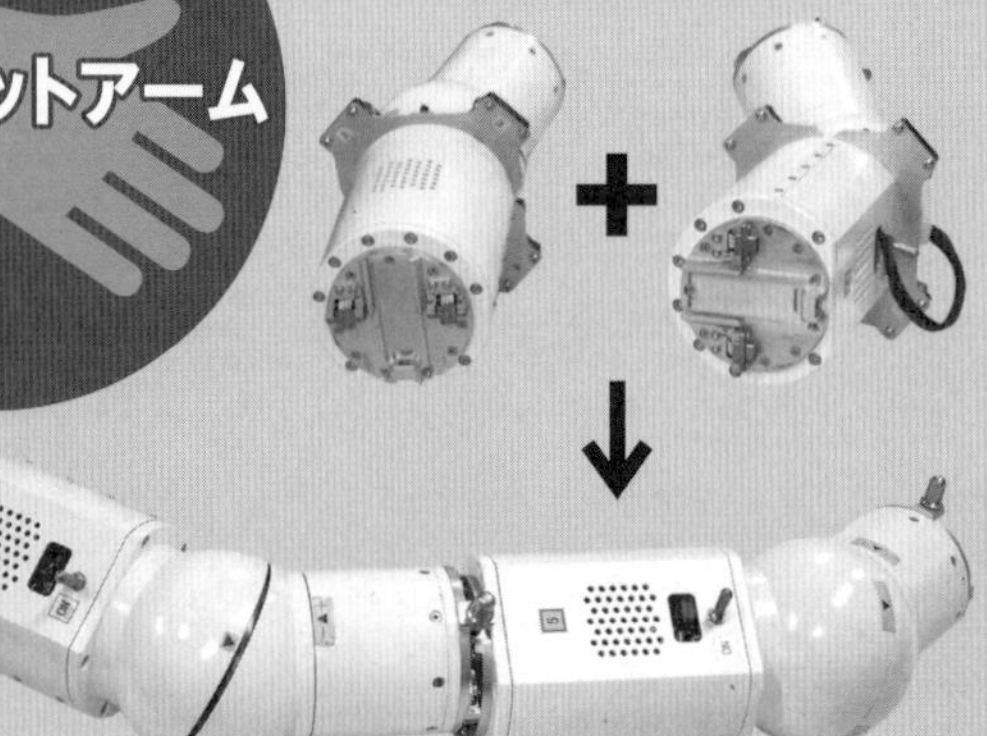

ロボットアーム1つひとつに計算機を入れることで、一部が故障しても動き続けることが可能に㊤。無重力のものをつかめるかどうか実験するための、二次元平面無重力模擬装置㊦もあります。装置は大理石の台から少し浮いており、二次元平面上で無重力となっています。

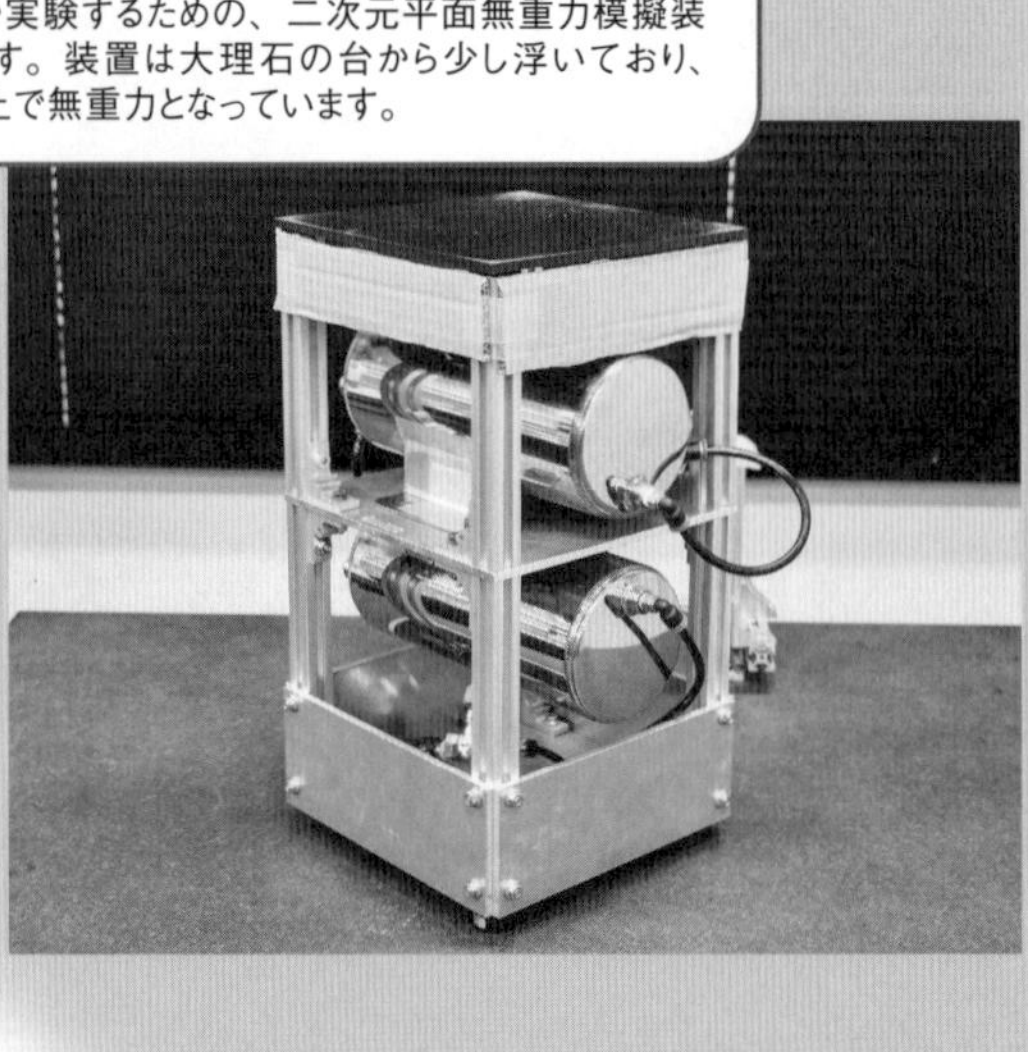

スペースコロニーデモンストレーションモジュールの内部の様子。空気を充填するだけで組み立てることができ、柱などはありません。現在は地上用の材料で作られていますが、宇宙でも使用できるよう、施設自体の宇宙化をめざしています。

持ち、採用が決定。この出会いがきっかけとなり、就職して2カ月も経たないうちに宇宙機器開発のプロジェクトリーダーを任されました。

木村教授は「当時は、宇宙、そして機器開発についての知識はまったく持っていませんでした。しかし、研究所を代表してプロジェクトにかかわることになり、ほかの方は専門家ばかりですから、猛勉強しました。あとにも先にも、あのときほど勉強したことはないですね（笑）。

その経験から、明確な目的を持った勉強は、その内容がしっかりと身につくと感じましたし、〝本物〟の方々についていこうと頑張ると、人は自然と〝本物〟の研究者になれると思いました。その思いから、研究室の学生にも色々なプロジェクトに参加してもらっています。納期があるので大変ですが、開発にかかわる技術に加え、プロジェクトを進めていくためのマネジメント力も身についていきます」と話されます。

宇宙居住の研究は 地上の生活も豊かにする

薬学における視点も活かしつつ、デブリ除去のための「目」と「頭」の開発を行う木村教授ですが、その一方、宇宙居住についても研究しています。

東京理科大学は2017年にスペース・コロニー研究センターを立ち上げました。これは、人間が宇宙で長期間暮らすために必要な技術を研究・開発するための機関で、木村教授は副センター長を務めています。

宇宙で暮らすためには、生活に必要なエネルギーの供給、水や空気の浄化・再利用、自給自足のための食料生産、スペース・コロニーにおけるQOL（生活の質）の向上といった課題があります。これらを解決することは、宇宙居住を実現するだけでなく、私たちの地球上での暮らしも豊かにすると、スペース・コロニー研究センターでは考えています。

現在は、スペースコロニーデモンストレーションモジュールという施設を使って実験を実施するとともに、地上用の設備を宇宙用にするための研究を行っています。

「宇宙居住は遠い遠い未来の話ではありません。人工衛星の活用をはじめ、みなさんが思っているよりも宇宙はとても身近なものです。『私は理系じゃないから、宇宙なんて関係ないよ』とは思わないでください。宇宙に文系も理系もありません。1人ひとり異なる宇宙へのアプローチがあっていいんです。宇宙法という宇宙に関する法律を学ぶ、宇宙を舞台とした経済活動を考える、など色々な道があります。

将来、宇宙に関する知識は身につけておくべき素養の1つになるかもしれません。病院で薬を処方される際に、この薬は地球上では○錠、月では△錠なんていわれる日がきっときます」と語られる木村教授。最後にメッセージをいただきました。

「私が宇宙の研究を始めたのは就職後です。ですから、まだ将来やりたいことが見つかっていない人も焦らなくて大丈夫です。おもしろいことはたくさんあるので、視野を広げれば見つかるはずです。興味を持てることが見つかったら、一歩を踏み出してください。思いがけないことが将来につながるかもしれません。

宇宙にかかわる研究は、だれか1人が頑張ればできるものではありません。カメラや計算機はみなで力を合わせて作るものです。人との出会い、つながりを大切にしてください。これは私のモットーでもあります」

「宇宙について研究するためには、色々な知識が必要です。興味を幅広く持って、色々なことにチャレンジしてください」

研究室情報

メンバー：東京理科大学理工学部電気電子情報工学科の大学生、大学院生約30名
所在地：千葉県野田市山崎2641

21世紀型教育を学ぶ「教育学部」
いま注目の新しい学びを実践する開智国際大学

首都圏の国立大学教育学部と教育現場の管理職などから教員を招聘し、今までにない新しい「教育学部」を開設し4年目を迎える開智国際大学。東京都の教員を志望する学生は採用試験の1次に全員合格。2次の結果にも期待が持たれます。探究型授業と1年生からのインターンシップなど、最先端の教育を推進する「教育学部」の魅力と教育実践を取材しました。（取材・SE企画）

常磐線「柏駅」からバスで10分程度の「柏学園前」で降りると、緑の森の中に落ち着いた佇まいのキャンパスが見えてきます。出迎えてくれたのは、東京学芸大学から着任し4年目となる坂井俊樹教育学部長。「新入生を迎え、大学1年生から4年生がそろった教育学部が完成しました。意欲に満ちた学生が多く期待しています」と挨拶してくれました。

激変する社会に対応できる21世紀型の教育が必要

教育学部を新設した理由を尋ねると「AIの急激な進歩やグローバル化で世界が大きく変わります。この変化に対応するために、『教えてもらう学び』から文部科学省が推進しようとしている『主体的・対話的で深い学び』、つまり授業は講義だけでなく、学生がICT機器を使い自ら調べ、議論し、それを発表するという主体的な質の高い探究型授業に変わらなければなりません。これが、いわゆる21世紀型教育です。いままでの教育学部では、このような指導のできる教師を育てる仕組みや授業が十分ではないので、新しい教育学部を創ることにしました」と熱く語ってくれました。

続けて「開智国際大学の併設小、中、高等学校では、以前から探究型教育を行い、生徒が主体的に学び、創造力やコミュニケーション力をつける授業や行事を行ってきました。さらに、国際バカロレアの教育を取り入れた小学校、中学・高等学校もあり、これらの併設校で大学1年生から学校インターンシップを行うことで、児童・生徒主体の探究型授業がどのようなものであるかを体験してもらいたい。そして、その探究型授業がなぜ必要なのか肌で感じてもらったうえで、大学での授業や学びに全力で取り組み、21世紀型教育が実践できる教師を育てていきたい。このように育てた教師は日本のどの学校へ赴任しても『主体的・対話的で深い学び』の指導ができ、社会がどのように激変しようとも対応可能な生きる力を持った人材を育てることができるからです」と坂井教育学部長は詳しく説明してくれました。

全国初「教育学部」1年生からの学校インターンシップ

開智国際大学は、教育学部で全国初となる1年生からのインターンシップを実施しています。その内容についてインターンシップ責任者の土井雅弘教授に伺いました。

「小学校教員養成課程の大学1年生は、開智小学校と開智望小学校でのインターンシップに参加します。運動会では教師と共に運営面にも参加し、夏休みには小学校で行っている『夏休み学童教室』にアルバイトとして参加して子供たちと一緒に遊び、実験の補助や自然観察の手伝いなど、様々な活動を行っています。2学期には、小学生たちが自らテーマを決めて探究した内容を発表する『研究発表会』を見学しました。学生たちは子供たちが教師の指導をもとに主体的に学んでいる姿を参観し、〝これからの授業はこのように変わっていく〟という事がよく理解できたとインターンシップの報告会で説明してくれました。そして3学期には、1週間連続で集中学校インターンシップを行います。児童の立場になったつもりで授業に参加し、教師が行う『子供たちが主体の授業』とはどのように行われているのかを学んできました。

中等教育教員養成課程の大学1年生は、開智日本橋学園中学・高等学校で1学期からインターンシップをスタートし、授業参観や文化祭への参加などを行います。

大学の授業がない時には、併設校に事前に連絡すればいつでも授業見学などができるので、学生の中には併設校に夏休みの学童のアルバイトや、遠足の補助員として参加する学生がいるなど、開智国際大学ならではの体験がたくさんあり、大変魅力的です。

これまでの教育学部では、インターンシップを大学1年生から実施する大学はありませんでした。本大学では1年生からのインターンシップを通して、大学で何を学び、どのようなスキルを身につけていかなければならないかが分かり、授業にも全力で参加する学生が多くなっています」と語ってくれました。

教授や先生方との距離が非常に近い少人数教育

最後に開智国際大学の特徴を、北垣日出子学長に伺いました。

「一番の特徴は少人数教育です。教育学部は小学校教員養成課程と中学校・高等学校教員養成課程に分かれて授業を行い、多くの授業が20名以下で行われます。教員が学生全員を熟知して授業をしていますから、学生も高い意識を持って集中して勉強しています。

次に、教授陣が新しい教育学部を創ることに燃えていることです。社会科教育専門で学部長の坂井教授は、２０１６年まで東京学芸大学で教鞭《きょうべん》をとられていました。附属校の校長を兼任されていたこともあり、学校現場にも、教育研究についても長《た》けておられ、理想の教員養成を行うために先頭に立って教育学部の授業や教職センターの運営に力を注がれています。九州大学から着任された教育行政専門の八尾坂修教授、千葉大学から来られた算数教育専門の島田和昭教授、茨城大学で教鞭をとられていた体育教育専門の岡本研二教授をはじめ、小学校校長を歴任された先生方などベテランの教授陣がそろい、一丸となって学生指導にあたっています。

また、教員採用試験対策講座を大学1年生の5月から開始しています。大学4年生の7月に実施される教員採用試験に向けて、一般教養学力、教職教養、専門教科の力をつけるために、じっくりと3年間かけて行っています。そして、4年生からは採用試験の模擬試験や面接などの準備に入ります。これらの対策講座も、学生が主体的に学び、皆で考え、議論する探究型、協働型で実施しています」

開智国際大学　2021年度入試日程

<table>
<tr><th colspan="2">入試形式</th><th>期</th><th>試験日</th><th>出願期間</th><th>合格発表</th></tr>
<tr><td colspan="2" rowspan="4">一般入試</td><td>Ⅰ</td><td>2月 5日(金)</td><td>1月 7日(木)～
1月27日(水)</td><td>2月 9日(火)</td></tr>
<tr><td>Ⅱ</td><td>2月18日(木)</td><td>1月 7日(木)～
2月10日(水)</td><td>2月19日(金)</td></tr>
<tr><td>Ⅲ</td><td>3月 4日(木)</td><td>1月 7日(木)～
2月25日(木)</td><td>3月 6日(土)</td></tr>
<tr><td>Ⅳ</td><td>3月12日(金)</td><td>1月 7日(木)～
3月 9日(火)</td><td>3月13日(土)</td></tr>
<tr><td colspan="2" rowspan="3">スカラシップ入試</td><td>Ⅰa</td><td rowspan="2">2月 5日(金)</td><td rowspan="2">1月 7日(木)～
1月27日(水)</td><td rowspan="2">2月 9日(火)</td></tr>
<tr><td>Ⅰb</td></tr>
<tr><td>Ⅱ</td><td>3月12日(金)</td><td>1月 7日(木)～
3月 9日(火)</td><td>3月13日(土)</td></tr>
<tr><td rowspan="4">総合型</td><td>プレゼンテーション入試</td><td>Ⅲ</td><td rowspan="3">12月20日(日)</td><td rowspan="4">12月 1日(火)～
12月10日(木)</td><td rowspan="4">12月23日(水)</td></tr>
<tr><td>小論文入試</td><td>Ⅱ</td></tr>
<tr><td>特待生選考入試</td><td>―</td></tr>
<tr><td>英語外部試験入試</td><td>Ⅱ</td><td>来校しての
試験なし</td></tr>
<tr><td colspan="2" rowspan="3">大学入学
共通テスト
利用入試
・特待選考
・一般選考</td><td>Ⅰ</td><td>大学独自
試験はなし</td><td>12月25日(金)～
1月15日(金)</td><td>2月10日(水)</td></tr>
<tr><td>Ⅱ</td><td rowspan="2">大学入学
共通テスト
<第1日程>
1月16日(土)
1月17日(日)
<第2日程>
1月30日(土)
1月31日(日)</td><td>12月25日(金)～
2月16日(火)</td><td>2月18日(木)</td></tr>
<tr><td>Ⅲ</td><td>12月25日(金)～
3月12日(金)</td><td>随時
最終発表
3月16日(火)</td></tr>
</table>

※入試詳細については募集要項を参照してください。

学費全額免除や半額免除の特待生制度が魅力的

開智国際大学には優秀な学生に対して、他大学よりはるかに充実した特待生制度があります。今年度の入学者を見てみると、4年間の授業料が国立大学より廉価になる特待生が、教育学部では30%を超えています。

２０２１年度入試においても特待生試験や大学入学共通テスト利用入試の特待生など合わせて、72名定員のうち30名前後の特待生が入学できるように計画を進めています。また、大学入学共通テスト利用入試の受験料が１０００円と破格なことも、受験生に優しい入試となっています。

優れた教授陣が21世紀型教育を少人数で指導する開智国際大学教育学部、まさにパワーと情熱あふれる学部です。来年の入学希望者はすでに昨年の倍以上という人気の教育学部の今後が楽しみです。

開智国際大学

〒277-0005 千葉県柏市柏1225-6

URL: http://www. kaichi. ac. jp

LINE　大学HP

■最寄り駅

JR常磐線・東武アーバンパークライン「柏」駅

■併設校

開智小学校・中学校・高等学校、開智未来中学・高等学校、開智日本橋学園中学・高等学校、開智望小学校・中等教育学校

ちょっと得する

読むサプリメント

ここからは、勉強に疲れた脳に、ちょっとひと休みしてもらうサプリメントのページです。
勉強の合間にリラックスして読んでください。
もしかすると時事問題や、数学・理科の考え方で、ヒントになるかもしれません。

耳より ツブより 情報とどきたて

都内を走り始めたBRT

10月、東京都内でBRTの営業運行が始まった。

BRTとはBus Rapid Transitの略で、たくさんの乗客を載せることができる連節バス【写真】などを使ってICカードシステムで乗り降りでき、舗装された道路を走るため快適な乗り心地が保証されている都市型の高速バス輸送システムのことだ。

今回走り始めたのは都心と臨海部をつなぐ「東京BRT」。現在は虎ノ門（港区）と晴海（中央区）の区間のみでの先行スタートだが評判は上々だ。

来年夏の東京オリンピック・パラリンピックの終了後には上記の路線のほか、臨海副都心の東京テレポートや江東区の豊洲市場を結ぶ路線も開業する。

2022年度以降には、晴海地区のオリンピック選手村跡にできる新しい街と都心を結ぶ路線など計4路線が走る予定だ。

運行を始めた虎ノ門―晴海路線は、現在約5kmのルートを片道20～30分で往復している。連節バスは定員113人も乗せられる。このバスのほかにも、水素を燃料にして1両で走るバス（定員77人）もある。

運賃は220円（小学生以下110円）。

より快適な運行と車内環境をめざす

本格運行時には、バス停で次バスの到着時間が正確に読める表示、バス停での停車時間を少なくするためICカードその他による簡便な運賃の支払方法の採用、迅速な支払い機器により運転席ドアだけでなく、すべての扉での乗り降りを実現するという。

「東京BRT」の連節バス（©東京都都市整備局）

また、交差点ではBRTの通行を優先させる、いわゆる公共車両優先システムの導入もめざす。

オリンピック・パラリンピックを控え、初めて乗る乗客や外国人にもわかりやすい路線図、多言語対応の案内情報提供などで、鉄道並みの利用しやすさにまで利便性を高めるという。

ところでBRTはなにも新しい考え方ではない。

海外では200カ国近くで運用されているし、国内でも大都市で模索が始まっている。福岡市や新潟市などでは以前から試験走行が進んでいるし、神戸市でも7月から実証実験に入った。

また、東日本大震災で打撃を受けた鉄道の代替手段として茨城県、岩手県ではすでに「地域の足」として活躍を始めている。

BRTは地下鉄や鉄道ほどコストがかからず、路線バスより輸送力が大きいのが魅力。

しかし、BRTが実力を発揮するためには専用レーンを確保することが課題で、これが新時代の都市交通として定着するには高いハードルとなっている。

今回、首都東京でBRTが実用化されれば、大きなインパクトとなる。国内のBRTの未来がかかっているといっても過言ではない「第1歩」だ。

マナビー先生の

最先端科学ナビ

FILE No.012

超音波洗濯機

洗濯しても落ちない汚れは困りもの

　理科の授業で「音」のことを勉強したと思う。音は一種の振動だということは学習したよね。みんなが聞くことのできる周波数の範囲は20Hzから20KHzの範囲といわれている。この範囲の振動がヒトの鼓膜を動かして音を聞くことができるんだね。この可聴域より高い周波数の領域の音の振動を「超音波」といっているよ。

　この超音波を使った新しい洗濯機が発売になった。

　洗濯するとき、お母さんはエリの部分とソデの部分をとくに気にして洗っていると思う。この部分は上着に隠れないから外気に触れやすいし、お父さんの汗で汚れやすい。外気に含まれているチリと汗が結合してワイシャツの繊維のなかにしみ込み黒ずんだ汚れになる。この汚れは普通に洗濯したのでは簡単には落ちないんだ。

　そこで洗濯するとき、その部分に石鹸をこすりつけてから洗ったり、ときにはブラシを使って汚れを落とそうと頑張っているけど、なかなか落ちないんだ。落ちたように見えても繊維のなかに汗と皮脂(皮膚の油)がしみ込んで、使っているうちにだんだん黄ばんできてしまう。

　そんな悩みを解決しようと開発されたのが、今回紹介する超音波を使った洗濯機だ。

　この洗濯機には、約40KHzの周波数の超音波を出すプローブと呼ばれる突起がついている。超音波洗濯の開始ボタンを押すと、その下側にあるお皿のようなものに洗剤が自動的に溜められる。

　ワイシャツのエリをそこにひたしたあと、突き出しているプローブにこすりつけるようにしながら30秒ほどエリ全体をずらしていく【写真】。

　作動中は超音波だから音も聞こえないし振動も感じない。でも、みるみるうちに黒ずんでいたワイシャツのエリ汚れが消えていき、たったの30秒できれいになってしまうのだから、革命といってもいいかもしれないね。

超音波の振動が繊維の汚れに伝わって

　では、どんな方法で超音波は汚れを落とすのだろうか。プローブから出た超音波は洗剤液のなかを通ってワイシャツの繊維に届く。微細だけれど強力な振動が繊維に伝わる。繊維に絡みついている皮脂はこの振動の力で繊維から引きはがされ、小さく分解されて洗剤に溶け込むんだ。皮脂は一度洗剤に溶け込めば、あとは洗濯槽で洗濯するだけできれいになるという仕組みだ。超音波プローブにエリをこすりつけ、左右に動か

マナビー先生

大学を卒業後、海外で研究者として働いていたが、和食が恋しくなり帰国。しかし科学に関する本を読んでいると食事をすることすら忘れてしまうという、自他ともに認める“科学オタク”。

ガンコな汚れの救世主現る

す作業は必要だけれど、30秒というそんなに長くない時間で汚れが落ちてしまうというのだからすごいね。

超音波のこの力を使った超音波洗浄装置自体は色々なところで見ることができる。一番よくみかけるのがメガネ屋さんの店頭に置いてあるメガネのツルやレンズの汚れをきれいにしてくれる眼鏡洗浄機だ。

原理は今回紹介した洗濯機とほぼ同じだ。容器の底に設置されている超音波発生装置から出た超音波が容器に入れられた水を通ってメガネの汚れに到達し、振動で汚れをはがす仕組み。

洗濯機も眼鏡洗浄機も液体を使っているのは超音波が空気を通って伝わると減衰してしまうからだ。液体のなかでは減衰が少なくて伝わるから液体が必要なんだね。

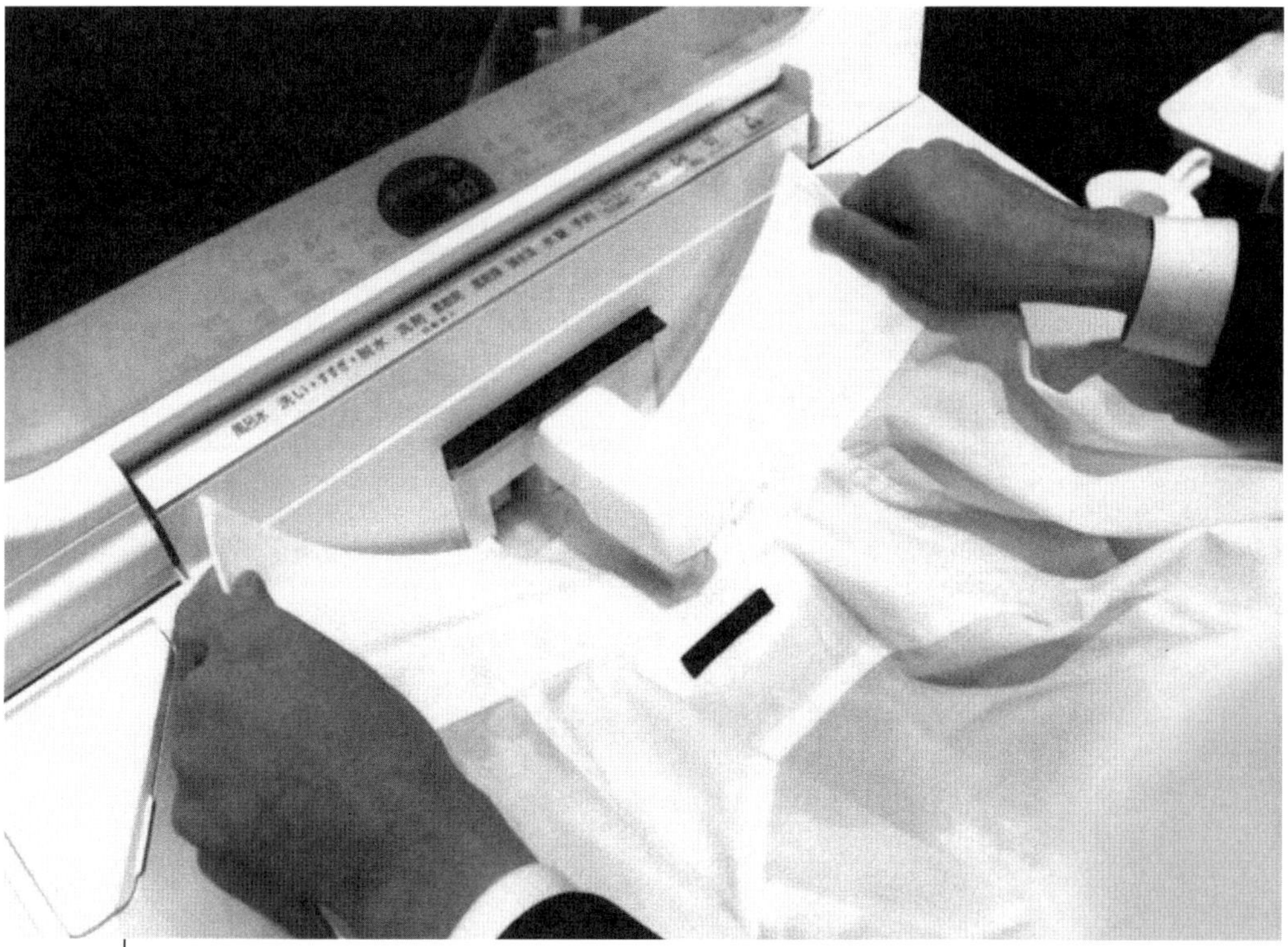

超音波洗浄機を搭載した全自動洗濯機「Prette（プレッテ）」（アクア株式会社）

医学の進歩にも寄与する超音波発生装置

超音波は医学の面でも色々と役に立っている。赤ちゃんができたとき、お母さんのおなかのなかで赤ちゃんが元気に育っているかを調べるのにも超音波は使われている。プローブから出た信号は身体の組織によって跳ね返る強度や時間が違ってくる。この跳ね返ってくる時間を計測することで体内の状態を可視化できるんだ。

もともとは海のなかに隠れている潜水艦を見つけるための技術を応用したものだ。

超音波でなら、X線のように体内の赤ちゃんに悪い影響を与えることなく体内の様子を確認することができる。赤ちゃんの心臓が小さく動いたり、おなかのなかで手や足を動かしているのも見ることができるからすごいね。

超音波をお母さんのおなかに当てるときにも、ゼリー状の液体をプローブにつけているよ。これもプローブとおなかの間に空気を入れないようにするためなんだね。赤ちゃんの検査だけでなく乳がんの検査にも超音波の検査装置が使われていて、見つけにくい乳がんの組織を発見することにも役立っているし、金属内の欠陥などの発見にも使われている。超音波は様々なところで役に立っているんだね。

そうだったのか！

中学生のための経済学

山本謙三 ─ オフィス金融経済イニシアティブ代表、東京大学教養学部卒、前NTTデータ経営研究所取締役会長、元日本銀行理事。

「経済学」って聞くとみんなは、なにか堅～いお話が始まるように感じるかもしれないけれど、現代社会の仕組みを知るには、「経済」を見る目を持っておくことは欠かせない素養です。そこで、経済コラムニストの山本謙三さんに身近な「経済学」について、わかりやすくお話しいただくことにしました。今回は貿易についてのお話です。

貿易のために航行するコンテナ船　©Yoshitaka/PIXTA

貿易はなぜ大事なの？

私たちの身の回りには、海外から輸入したものや海外へ輸出するものがあふれています。日々使う電気やガスのおもな原材料は、輸入した天然ガスや原油です。スマートフォンも、一部は海外から輸入しています。一方、自動車や電子部品のように、国内で生産し国境を越えて輸出されていくものもあります。こうした海外とのものの売り買い（輸出や輸入）を総称して、「貿易」と呼びます。貿易は、私たちの生活を豊かにします。人に得手、不得手があるように、国にも、地理的な条件や歴史的な経緯を背景に、得意、不得意の分野があります。日本でいえば、製造技術が優れていることや天然資源に乏しいといったことです。

では、もしいま、江戸時代のように鎖国を行い、貿易を止めれば、どうなるでしょうか。まず天然ガスや原油に代わるエネルギー源を国内で探さなければなりません。多大な費用がかかるうえに、十分な代替物が見つかるかどうかもわかりません。これに代えて、自動車や電子部品を輸出し、その一方で天然ガスや原油を輸入できれば、少ない費用でより豊かな生活を送ることができます。日本だけでなく産油国も、自動車などの輸入を通じて生活水準を引き上げることができます。貿易は、「国際分業」のメリットを活かすことで、当事国双方の経済発展に寄与するものです。

貿易の構造が変わった

世界の貿易の構造は、時代とともに変化しています。以前は、①天然資源や農産物を輸出し、製品類を輸入する国と、②天然資源や農産物を輸入し、製品類を輸出する国に大別できました。

しかしいまは、1つの製品を作り上げるのに多くの国や地域が関与しています。例えば、「iPhone」はアメリカ企業が開発した製品ですが、内蔵の部品は日本や台湾、韓国、アメリカ、ヨーロッパなどの企業が分担して生産し、これを集めて台湾の企業が中国国内の工場で組み立てています。こうした世界にまたがる製造工程を鎖状に結びつけ、製品を完成させる生産体制は「グローバル・サプライチェーン」と呼ばれ、最近の貿易構造の特徴となっています。

あわせて、日本の貿易構造も大きく変わりました。以前は、船舶や家電、自動車などの完成品が、輸出の大きなウエイトを占めていました。しかし最近は、部品類（半導体など）や機械類（半導体製造装置、工作機械など）のウエイトが高まっています。日本は少子化、高齢化を背景に、少ない働き手でより多くの価値を生み出す産業への構造転換を迫られています。画像センサーや半導体などを輸出し、これらを内蔵したスマートフォンを輸入するようになったのも、そうした構造変化の表れです。

私たちの生活を豊かにするうえでも、必要な構造転換を円滑に進めるためにも、自由な貿易体制の維持が欠かせません。

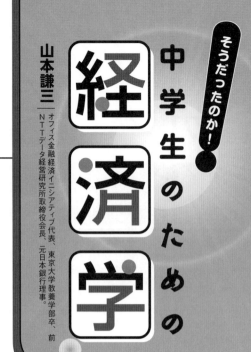

内閣発足後、初の記者会見をする菅義偉首相（2020年9月16日撮影・首相官邸）写真：AFP＝時事

PICK UP NEWS
ピックアップニュース！

今回のテーマ
菅内閣発足

9月16日、衆議院、参議院はそれぞれ本会議を開き、首相指名選挙を行い、自民党の菅《すが》義《よし》偉《ひで》総裁を第99代内閣総理大臣に指名しました。菅氏はただちに組閣に着手し、皇居での首相親任式と閣僚認証式を経て、同日夜、菅内閣が正式に発足しました。

今回の新内閣発足は、過去最長となる7年8カ月にわたって首相を務めてきた安倍《あべ》晋三《しんぞう》氏が8月末に、持病の悪化を理由に突然、辞意を表明したことに始まります。辞意を受けて自民党はただちに総裁選を告示しました。

総裁選には官房長官の菅氏、自民党政調会長の岸田《きしだ》文雄《ふみお》氏、自民党元幹事長の石破《いしば》茂《しげる》氏の3人が立候補しました。

自民党総裁選は通常は国会議員が各1票、一般の党員、党友が国会議員と同数の票を得ることができるのですが、今回は緊急で、政治の空白を作ってはならないとの理由から、党員、党友による選挙は行われず、地方票として各都道府県連に3票ずつ配分されました。したがって総数は衆議院議員票が283票、参議院議員票が111票、地方票が47都道府県×3の141票、合計535票になります。

投開票は14日に都内のホテルで行われました。投票総数は1票欠の534票。このうち菅氏は377票、全体の7割を超す圧倒的な勝利で第26代自民党総裁に選出されたのです。岸田氏は89票、石破氏は68票でした。

国会では、自民党と公明党が菅氏を支持し、衆議院では投票総数462票中314票、参議院では同じく240票中142票の過半数を得て、首相に選出されました。

菅氏は1948年秋田県生まれ、高校卒業後上京し、しばらく働いたのち、法政大学に入学。卒業後は国会議員秘書などをした後、横浜市議会議員に当選し2期務め、1996年の衆議院選挙で神奈川2区から出馬して初当選しました。

総務大臣、自民党選挙対策総局長、幹事長代理などを務め、2012年12月の第2次安倍内閣発足から官房長官を務めてきました。官房長官としての在任も過去最長です。現在、衆議院議員8期目。任期は安倍首相の残り任期である2021年9月までですが、当面は新型コロナウイルス感染症対策に追われることになりそうです。

ジャーナリスト **大野 敏明**
（元大学講師・元産経新聞編集委員）

思わずだれかに話したくなる

名字の豆知識

第14回

今回は

山田

山田の「山」はどこの山？

全国12位の「山田」中部に多い理由は

「山田」は第12位、全国に81万1000人がいると思われます（新人物往来社『別冊歴史読本　日本の名字ベスト10000』より）。

都道府県別にみると、岐阜で3位、福井、愛知で4位、石川、滋賀で5位、富山、京都で6位、大阪で7位、静岡で8位、奈良、鳥取で9位、新潟、兵庫、徳島で10位です。ちなみに東京では13位です。

こうしてみると、「山田」は東北、九州というよりは、中部地方を中心に広く分布しているといえます。中部地方は山岳地帯が多く、そこから「山田」の「山」が出たと考えるとわかりやすいと思います。

日本には「山」「川」「田」「野」などの漢字がつく名字が多いのですが、「山」がつく名字では「山本」「山田」「山口」「山崎」「山下」がベスト30に入っています。「田」は「田中」「吉田」「山田」「池田」「前田」が同じく30位以内にあります。「山田」はまさに日本の名字の典型といえるでしょう。

地名の「山田」も全国各地で見られる

したがって、山田という地名（大字《おおあざ》）もたくさんあります。山田だけで、100以上あります。山田を冠した「山田上」とか、あるいは「上山田」などを数えるとそれ以上になります。沖縄県にも国頭郡《くにがみぐん》恩《おん》納《な》村《そん》に山田という大字があります。

山田という大字がない都道府県は山梨、香川、長崎の3県だけですが、香川県には「山田上」「山田下」という地名があるので、確認できないのは山梨、長崎の2県だけということになりますが、おそらく両県にも小字《こあざ》などには山田があるか、かつてはあったと思われます。

日本は稲作の国で、かつ山岳国家なので、どこからでも山が見えます。そうしたことから、山田という地名は、いってみれば、全国どこでもありうるわけです。

１９５４年まで、三重県に宇治山田市がありました。ここは江戸時代、伊勢国《いせのくに》山田といい、山田奉行《ぶぎょう》がおかれていました。江戸幕府の遠《おん》国奉行《ごくぶぎょう》の１つで、伊勢神宮の管理などをしました。大岡裁きで有名な大岡越前守《おおおかえちぜんのかみ》（大岡忠相《おおおかただすけ》）も山田奉行を務めています。１９０６年、宇治山田市となったのですが、１９５５年、近隣の４村と合併して伊勢市となっています。

様々な時代と場面で歴史に残る山田姓

古代の豪族に蘇我倉山田石川麻呂《そがのくらやまだのいしかわまろ》という人がいます。彼は蘇我馬子《そがのうまこ》の孫で、６４５年の大化《たいか》の改新《かいしん》（乙巳《いっし》の変《へん》）で自害に追い込まれた蘇我《そがの》蝦夷《えみし》の甥で、蘇我入鹿《そがのいるか》のいとこです。ですが、大化の改新に際しては蘇我氏を討った中大兄皇子《なかのおおえのおうじ》（のちの天智天皇《てんじ》）の側につき、改新後は右大臣となって天智天皇を補佐し、「山田大臣」などと称されました。のちに謀叛《むほん》の疑いをかけられ、山田寺《やまだでら》で自害しています。

山田寺は現在の奈良県桜井市山田にあった寺です。倉山田石川麻呂が建立《こんりゅう》したのですが、明治維新後の廃仏毀釈《はいぶつきしゃく》で廃寺となりました。現在は跡地が国の特別史跡に指定されています。同寺で発見された仏頭《ぶっとう》は奈良県の興福寺《こうふくじ》に安置され国宝とされています。

倉山田石川麻呂の子孫は「石川」を称したとされますが、一部は「山田」を称したかもしれません。

公家には山田氏はいません。旧華族には伯爵に山田顕義《やまだあきよし》、男爵に山田信道《やまだのぶみち》がいます。

山田顕義は１８４４年生まれ、長州《ちょうしゅう》藩出身。松下村塾《しょうかそんじゅく》で学び、禁門《きんもん》の変《へん》や戊辰《ぼしん》戦争に従軍し、明治維新後、清国特命全権公使、元老院議官、陸軍中将に登り、伊藤博文《いとうひろぶみ》、黒田清隆《くろだきよたか》、山《やま》県有朋《がたありとも》、松方正義《まつかたまさよし》の各内閣で司法大臣を務めました。

山田信道は１８３３年生まれ、肥後《ひご》熊本藩士で戊辰戦争に従軍、明治には農商務大臣などを歴任しました。

山田といえば、山田長政《やまだながまさ》を思い浮かべる人もいるのではないでしょうか。長政は駿河国《するがのくに》（現・静岡県中部）の人で、江戸時代初期、現在のタイであるシャムに移住、一時はアユタヤの日本人町の長になり、権勢を振るいましたが、のちに毒殺されました。しかし、現在のアユタヤの旧日本人町にはなにもなく、静岡県人会が建てた長政の慰霊碑があるだけです。

童謡「赤とんぼ」「この道」などの作曲で知られる山田耕筰《やまだこうさく》は１８８６年生まれ、東京都の出身で、東京音楽学校（現・東京芸術大学）を卒業後、ドイツのベルリンでも学びました。

大名に「山田」はいませんが、旗本には31家の山田氏があります。トップは２５００石、書《しょ》院番頭《いんばんがしら》、山田肥後守利寿《やまだひごのかみとしひさ》で、大旗本といえます。

天皇に直訴する田中正造

ミステリーハンターQのタイムスリップ歴史塾

足尾銅山鉱毒事件

テーマは足尾銅山鉱毒事件。銅山周辺の環境が汚染され、近郊住民の生活を脅かした日本初の公害事件だ。

勇　明治時代に大きな公害問題があったんだってね。

MQ　足尾《あしお》銅山《どうざん》鉱毒《こうどく》事件《じけん》のことだね。

静　どんな事件だったの？

MQ　現在の栃木県日光市足尾地区は江戸時代から銅山として有名だったけど、明治時代になって、政府は古河《ふるかわ》家に払い下げを行ったんだ。ここからは良質な銅が大量に採れ、東洋一の銅山ともいわれたんだよ。

勇　それがどうして公害を生んだの？

MQ　銅を精錬するときに出る排煙、精製時に出る鉱毒ガス、さらには排水に含まれる鉱毒が近くを流れる渡良瀬川《わたらせがわ》流域に流れ込み、付近の住民に大きな被害をもたらしたんだ。

静　有害な物質が流れ出ていたんだね。どんな被害が出たの？

MQ　１８９０年前後から、川のアユが大量に死んでいるのが発見されたり、渡良瀬川から水を引いた田のイネが立ち枯れるなどの被害が出始めた。

勇　足尾銅山が原因だとすぐわかったの？

MQ　地元の新聞は足尾銅山が原因ではないかと報道し、地元出身の田中正造《たなかしょうぞう》代議士が調査を行い、足尾銅山が原因と突き止め、政府に対策を求めたんだ。

静　それを受けて、政府はどんな対策を講じたの？

MQ　政府は調査委員会を設け、脱硫装置の設置などを義務づけたけど不十分だった。こうしたなかで、近隣のいくつかの村が廃村に追い込まれるという深刻な事態になったんだ。

勇　住民たちは黙っていたわけじゃないよね。

MQ　被害住民は東京に行って国会に請願運動をやり、一部は警官隊と衝突するなどの事件にも発展した。さらに、田中正造が１９０１年、なんと明治天皇に直訴したんだ。この事件はセンセーションを巻き起こし、大きな社会問題となったんだ。

静　それで足尾銅山の公害は収まったの？

MQ　慌てた政府は遊水地を作るなどして公害の拡散を食い止めようとしたけど、それでも不十分だった。大正時代に入り、銅の精錬方法が近代化されるなどしたが、公害をゼロにまで減らすことはできなかった。

勇　どうやって解決したの？

MQ　１９７４年になって、被害農民の代表と古河鉱業（現・古河機械金属）が調停に調印して、ようやく決着したんだ。日本最初の公害事件であり、「百年公害事件」といわれている。

ミステリーハンターQ（略してMQ）

米テキサス州出身。某有名エジプト学者の弟子。1980年代より気鋭の考古学者として注目されつつあるが本名はだれも知らない。日本の歴史について探る画期的な著書『歴史を掘る』の発刊準備を進めている。

山本 勇

中学３年生。幼稚園のころにテレビの大河ドラマを見て、歴史にはまる。将来は大河ドラマに出たいと思っている。あこがれは織田信長。最近のマイブームは仏像鑑賞。好きな芸能人はみうらじゅん。

春日 静

中学１年生。カバンのなかにはつねに、読みかけの歴史小説が入っている根っからの歴女。あこがれは坂本龍馬。特技は年号の暗記のための語呂合わせを作ること。好きな芸能人は福山雅治。

サクセス映画館

こんなところに泊まってみたい!?

本能寺ホテル

戦国時代につながるホテル!?

2017年／日本
監督：鈴木雅之

「本能寺ホテル」
DVD発売中
3,800円＋税
発売元：フジテレビジョン
販売元：ポニーキャニオン
©2017 フジテレビジョン 東宝 ホリプロ
Blu-ray（4,800円＋税）も発売中

これといってやりたいこともなく、交際中の彼との結婚話を流されるまま進めていた繭子は、ある日、彼の実家がある京都を訪れ、「本能寺ホテル」というレトロなホテルに宿泊することになります。部屋へ向かうために乗り込んだエレベーターを降りると、なんとそこは戦国時代の本能寺で、天下統一を目前にした織田信長が目の前に！

信長、本能寺と聞けば思い浮かぶのが「本能寺の変」でしょう。それに気づいた繭子は、現在と400年前の戦国時代を行ったり来たりしながら、信長の命を救おうとするのですが……。不思議なホテルの様子にワクワクしながら、歴史のロマンを感じられる1作です。

モンスター・ホテル

愉快なモンスターが一堂に集結

2012年／アメリカ
監督：ゲンディ・タルタコフスキー

「モンスター・ホテル」
Blu-ray発売中
2,381円＋税
発売・販売元：ソニー・ピクチャーズ エンタテインメント
DVD（1,410円＋税）も発売中

ある事件をきっかけに人間嫌いになった主人公・ドラキュラは、人里から遠く離れた深い森にモンスター専用のホテルを建て、愛娘メイヴィスや、休暇を楽しむモンスターたちと平和に過ごしていました。しかし、メイヴィスの118歳の誕生日パーティー前夜、人間の若者がホテルに迷い込んできて、あろうことかメイヴィスが彼に恋をしてしまいます。あの手この手で2人を引き離そうとするドラキュラの運命やいかに？

登場するのはひょうきんで心優しいモンスターたちばかりでまったく怖くはありません。ドラキュラの奮闘も娘を思ってのことと考えればかわいいもの。こんなホテルなら迷い込んでみたいものです。

めがね

南の島で過ごすのんびりした時間

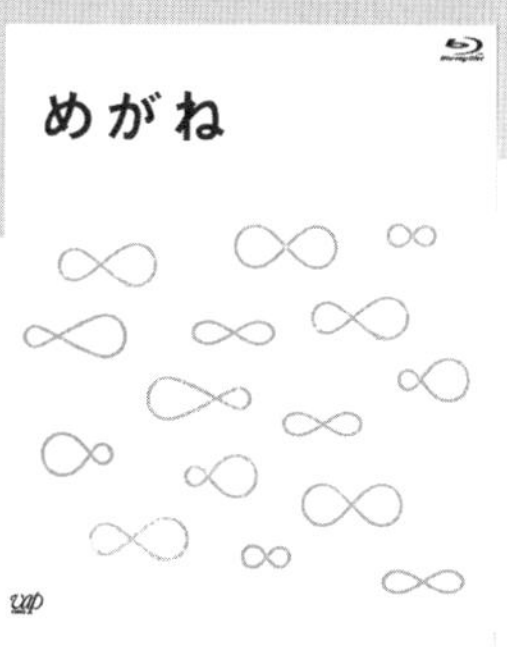

2007年／日本
監督：荻上直子

「めがね」
Blu-ray発売中
5,800円＋税
発売元：バップ
©めがね商会
DVD（4,800円＋税）も発売中

1人の女性がとある南の島の宿を訪れたところから始まる物語。そこで彼女は、宿の主人や、謎多きかき氷店の店主たちに出会います。なぜ彼女がそこを訪れたのか、かき氷店の店主がどういった人物なのか、登場人物の背景はあまり語られないまま物語は進んでいきます。

この作品でおもに描かれるのは、美しい海に囲まれて島の人々がのんびり時間を過ごし、素朴ながらもおいしい料理を楽しむ様子。ただ食事をしているだけなのに引き込まれ、鑑賞後は、頭も心もスッキリするような不思議な癒しの力がある映画です。色々と忙しい毎日を送るみなさん、この映画で穏やかな空気を味わってはいかがでしょうか。

数学ランドへようこそ

ここ、数学ランドでは、毎月上級、中級、初級と
3つのレベルの問題を出題しています。各問題に生徒たちが
答えていますので、どれが正解か考えてみてくださいね。
今回は中級、上級、初級の順番で掲載します。

TEXT BY 湯浅 弘一

ゆあさ・ひろかず／湘南工科大学特任教授、
NHK教育テレビ(Eテレ)高校講座に監修講師として出演中。

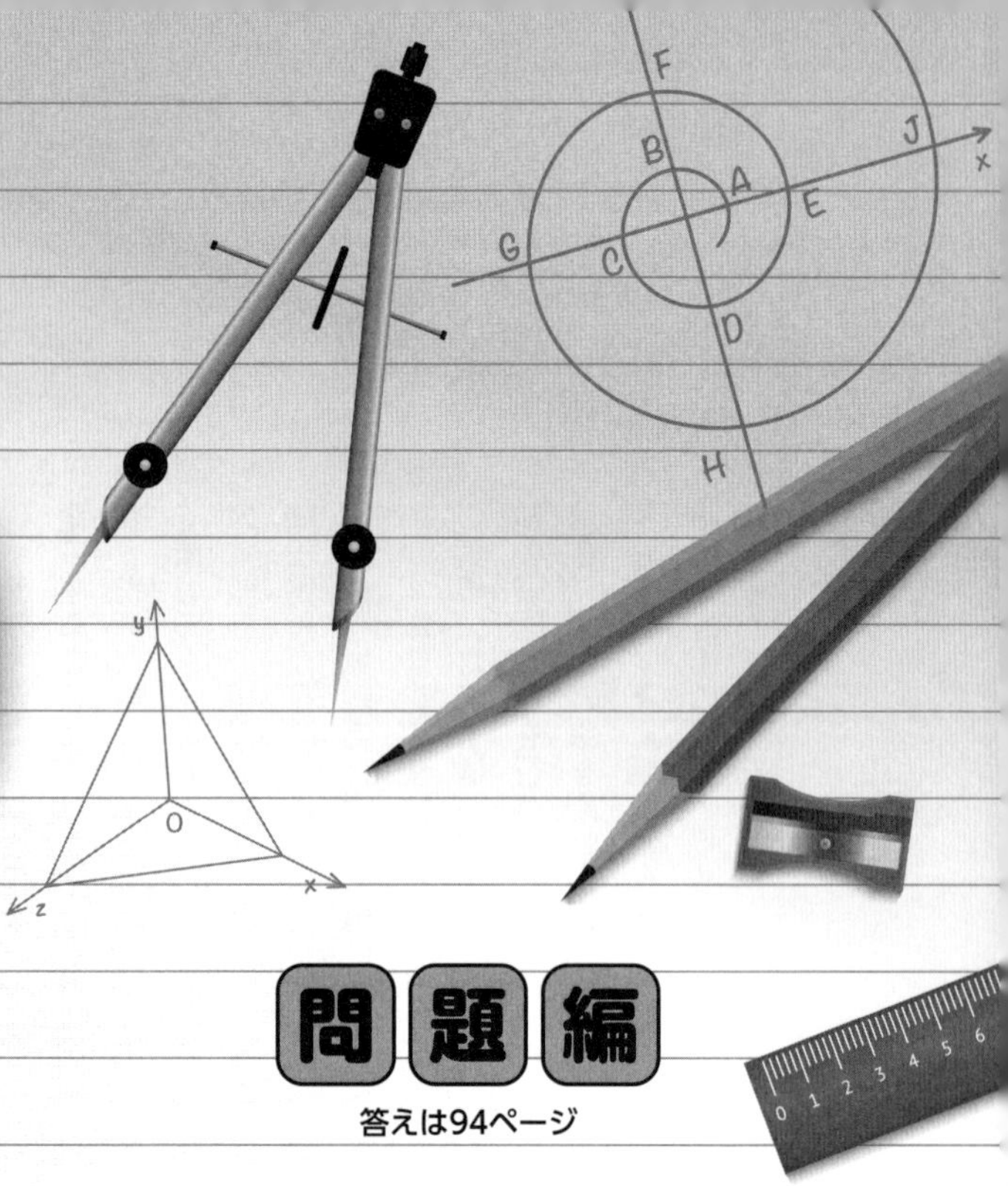

問題編

答えは94ページ

中級

今回はすべて文字式を中心に出題します。まずは中級からです。

xの方程式$ax=b$を解いたところ、
Pさん、Qさん、Rさんの3人が、それぞれ異なる答えを出しました。
Pさん「答えは1つに決まらない」
Qさん「解けないから、答えは『解なし』の1つだけ」
Rさん「普通に解けば$x=\frac{b}{a}$を解に持つ」
この3人のなかで正しいことを言っていないのはだれでしょうか。

A

答えは…
Pさん
答えは1つだけなん
じゃない？

B

答えは…
Qさん
3人から選ぶなら、
この人かな。

C

答えは…
Rさん
答えが普通すぎて
あやしい…。

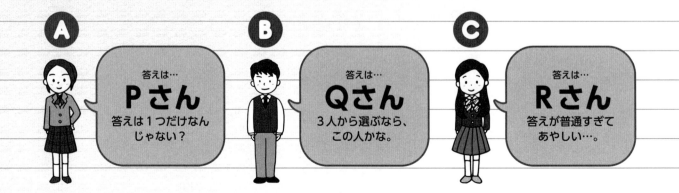

上級

$a<b$, $x<y$ であるとき、

$ax+by$ と $ay+bx$ はどちらが大きいですか。

A

答えは…

$ax+by$

$ax+by$ の方が大きいと思う。

B

答えは…

$ay+bx$

いや、$ay+bx$ の方が大きいでしょ。

C

答えは…

どちらでもない

場合によって両者の大小は変わる。

初級

$a<b<c$ であるとき、

$\frac{b}{a}$ と $\frac{c}{a}$ はどちらが大きいでしょうか。

A

答えは…

$\frac{b}{a}$

分母が同じだから、$\frac{b}{a}$ じゃないかなあ。

B

答えは…

$\frac{c}{a}$

分母が同じだから、分子の大小関係で $\frac{c}{a}$。

C

答えは…

どちらでもない

う～ん……場合によって違うと思う。

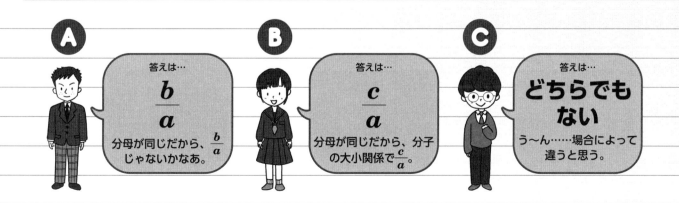

中級

正解は B

「正しいことを言っていない」とは、つまり「間違っていることを言っている人」をさしています。

まず、問題を解く前にチェック！ 「数学では分数の分母は0になってはいけない」ことが大前提です。

それをふまえて考えると、$ax=b$…①

aが0ではないとき、両辺をaで割って$x=\frac{b}{a}$…②になります。

これでまず、Rさんは正しいことがわかります。また、Rさんはこれだけを解に持つとは言っていません。

次に①の式でaが0のとき、$0x=b$…③になります。

③の式では$b=0$であれば$0x=0$…④

この④の式は当たり前の式です。

つまり、④のxには$x=$…-3、-2、-1、0、1、2、3…のように、なにを入れても④の式は成り立ちます。すなわち、xが無数に存在します。

これを、解が定まらないということで、「不定」といいますが、「解なし」ではありません。この時点でPさんの発言も正しいことがわかります。

最後に③の式でbが0ではないときを考えると$0x=b$（0ではない）となりますが、これはおかしいですね。このおかしな、ありえない式を「解なし」といいます。というわけで、Qさんが正しくないことを言っていますね。

A 正しい発言を選んじゃったね。

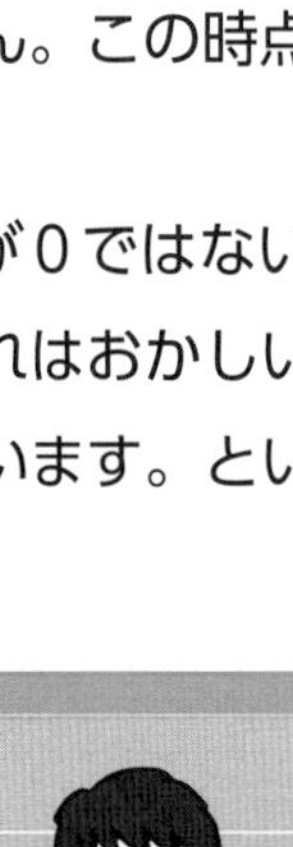

B やったね!!

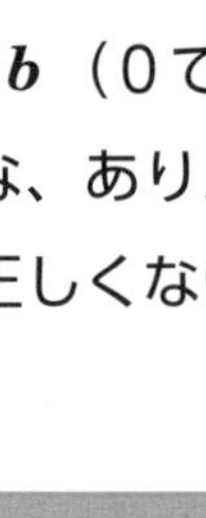

C 残念！ これも正しいんだよ。

上級

正解はA

例えば、見当をつけるのもアリです。
$a=1$，$b=2$，$x=3$，$y=4$としてみると、
$ax+by=3+8=11$
$ay+bx=4+6=10$
ですから$ax+by$が大きくなります。
これを証明してみます。不等式の証明は差を考えるのが定石ですので、因数分解を使います。

$(ax+by)-(ay+bx)$
$=ax+by-ay-bx$
$=a(x-y)+b(y-x)$
$=a(x-y)-b(x-y)$
$=(x-y)(a-b)>0$※
※これは$(x-y)<0$，$(a-b)<0$だからです。
したがって、$ax+by>ay+bx$と示せます。

A
やったね!!
B
勘で選んでない？
C
どんな場合かな？

初級

正解はC

実例をあげてみましょう。分母が同じですから$a<b<c$に気をつけて、例えば$a=3$，$b=4$，$c=5$の場合は$\frac{4}{3}<\frac{5}{3}$ですが、$a=-3$，$b=4$，$c=5$の場合は$\frac{4}{-3}>\frac{5}{-3}$と、不等号の向きは変わるのです。このように、文字式のかけ算やわり算では正の数か負の数かで大小関係は変わるので、注意が必要です。

A
負の数のときはそうだけど……。
B
直感的にはそう思うかもね。
C
やったね!!

生徒　先生

サクセス印のなるほどコラム

身の周りにある、知っていると役に立つかもしれない知識をお届け!!

知って得する？　マヨネーズの歴史

先生って、サラダを食べるとき、なにをつけて食べるの？

う〜ん。ドレッシング、もしくはなにもつけない。キミは？

ドレッシングか、マヨネーズかなあ？

マヨネーズ？

うん。先生はマヨネーズが嫌いなの？

だ・い・す・き。昔はマヨラーと呼ばれていた時代もあった。

そんなに好きなの？

うん。好きすぎて、サラダにかけるのを忘れてるかも（笑）。

意味わかんないよ！

それはそうと、日本のマヨネーズはおいしいんだぞ！

急に語るなあ…。海外のマヨネーズとは違うの？

個人的には、日本のマヨネーズの方が好きなんだけど、海外のマヨネーズもじつは好きなんだよね。

味が違うの？

うん。あっさりの海外、コッテリの日本って感じかなあ…。私が子どものころ、家にマヨネーズが２種類あったんだ。

２種類？　海外と国産？

そう、どうも歴史をみる限り、国産のマヨネーズは海外のマヨネーズよりも卵黄が多く入っているらしいんだよね。

へえ〜そうなんだあ。ところで、マヨネーズの歴史って言ってたよね？

詳しいことはわからないけど、18世紀なかばにフランスが当時イギリス領だったスペインのメノルカ島を攻めたときに、その指揮をとっていたリシュリュー公爵がメノルカ島の港町のマオンで食事をした際に出会ったソースを、のちにパリで紹介したのが最初らしい。そのソースの名前が「マオンネーズ（マオンのソース）」だったことが起源という説があるんだ。

さすが、マヨラーだけに詳しいね（笑）。それが日本に来たの？

それがね、日本でマヨネーズが作られたのは、リシュリュー公爵がパリでマヨネーズを紹介してから約160年後なんだ。

随分経ってからだね。

当時、アメリカで缶詰の勉強をしていたキユーピー株式会社の創始者中島董一郎さんが、アメリカでマヨネーズを食べたのがきっかけで、日本では、そのアメリカのマヨネーズの約２倍の量の卵黄を使って作られたらしいんだ。

だから、日本のマヨネーズは海外の味とは違っておいしいって言ってたんだね。

そういうこと！　正確には、当時の日本人の体格向上を願って卵黄を約２倍にしてコクが増したということだと思うけどね。

ということは、日本のマヨネーズの方がコッテリというよりコクがあるってことだよね。

そう！　さすがキミ。頭の回転が早い！

先生のボキャブラリーが少ないだけだと思うなあ。コッテリって言葉だとさ、脂っこいように聞こえるし、ぼくにはマヨネーズがそんなに脂っこいって感じたことないから。

でもさ、マヨラーだから、「コッテリとマヨネーズをつけたい」という気持ちということで！

じゃあ、マヨラーからマヨ星人になれば？

なりた〜い！

あきれてものが言えない……。

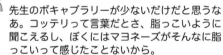

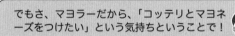

だれだって、悩みながら、迷いながら進んでいく

今月の1冊

『願いながら、祈りながら』

著／乾ルカ
刊行／徳間書店
価格／650円＋税

北海道の架空の村・生田羽村にある村立生田羽中学校分校に、社会科の教員として赴任してきた林武史は、赴任早々「今すぐ辞めたい」とため息をつく。

やっとの思いで教員採用試験に合格したというのに、つきあっていた彼女に浮気をされてフラれたからだ。その相手が司法試験に一発合格した前途洋々の男だということを知り、林は見返してやろうと司法試験に挑戦しようとしていた。「だからこんなところで教師をしている時間なんてない」と焦る林は、自分勝手な理由でやる気のない授業を続ける。

彼の授業を受ける分校の生徒は全部でたったの5人。中学3年生の白石弥生以外は中学1年生で、村長の孫で快活な松本憲太、北海道の都会から両親が引っ越してきて、ここで生まれた成績優秀な江崎学、取り立ててめだつ部分がないことを気にしている手塚みなみ、そして、2年前に東京から移ってきた儚げな少年・柏木亮介の4人だ。

そんな林だったが、居候先の久松老医師や同僚の後藤主任の言葉を受けて、それまでの自分を顧み、きちんと生徒たちに向きあうことを決める。その一発目の授業で、これまでのやる気のなさを見透かされていた弥生によって撃沈されるのだが…。

一方、5人の少年少女たちもそれぞれに悩みを抱えている。思春期だからこその悩みがある一方、大人でも解決できない問題もあり、2章以降、語りの主体を替えながら、それぞれの思いが綴《つづ》られていく。

同時に時間も移ろい、最終章では第1章から1年が経っており、物語は再び林の視点に戻る。各章がしっかりと布石になり、弥生の高校受験と中学卒業、そして、この年度を最後に本校と統合され、取り壊しが決まっている分校からの1年生たちの卒業へとつながっていく。

決してすべてが解決したわけではないが、それでも5人の中学生たち、そして林自身がどのように成長したのかが鮮やかに描かれている青春群像劇だ。

8月号の答えと解説

解答　訪問

解説

ばらばらになった漢字を組み合わせてできる二字の熟語は次のようになるので、これらを五十音順に並べたときに一番うしろにくる熟語は③の「訪問」になります。

①省略（しょうりゃく）　　②　最悪（さいあく）
③訪問（ほうもん）　　④　窒息（ちっそく）
⑤賀正（がしょう）　　⑥　国語（こくご）
⑦新聞（しんぶん）　　⑧　歌姫（うたひめ）
⑨粉砕（ふんさい）　　⑩　撃破（げきは）

漢字を覚えるための工夫として、このパズルのように漢字を構成するパーツ（文字）に分解して覚える方法も有効です。皆さんのなかには、小学生のときに、「桜」という漢字を「木、ツ、女」、「疑」を「ヒ、矢、マ、正《ただ》し」（正確には「正」は「疋」ですが…）というように覚えた人もいるのではないでしょうか。さらに、「歩」を「止まらず少しずつ歩こう」や「奏」を「三人と二人で演奏する」など、語呂合わせで覚えると長く忘れませんね。こうしたものをいくつか紹介しておきましょう。

・喜…士の口、そいつ（ソー）の口　　・蛙…虫をさがして土から土へ
・蚊…虫がブーン（文）と飛ぶ　　・遺…中に一つ貝がしんにゅう（辶）
・署…四人の者が署名する　　・貪…今すぐ貝を食べたい貪欲に

漢字の大半は、大きな意味のまとまりを表す部分（形）と発音を表す部分（声）を組み合わせた形声文字です。したがって、漢字の勉強の基本は、部首を意識して覚えることと、その漢字の「書き」を覚える前に「読み」をしっかり覚えることです。前者は、漢字の意味をきちんととらえることが大事であり、意味もわからず漢字を覚えても記憶に残りにくいということです。後者も、読むことができない漢字は、やはり記憶に残りにくく、とくに音読みと訓読みの両方覚えるのが大切だという意味です。演奏の「奏」は書けても、「琴をカナでる」を「琴を奏でる」と書けないままでは、得点につながりにくくなってしまいます。

漢字という基礎をしっかり身につけて、読解力や表現力を伸ばしていきましょう。

今月のプレゼント！

約1往復で解答をマークできるシャープペンシル

受験の時期もいよいよ近づき、過去の入試問題などに取り組む方も増えてきたのではないでしょうか。マークシート式の解答に初めて触れ、苦戦することもあるかもしれません。そんなときおすすめなのが、ぺんてるの**「マークシートシャープペンシル」**です。

1.3mmの太い芯を使用することで、一度に塗りつぶせる範囲が広がり、解答をマークする時間も短縮可能に。素早くマークできることで、問題を解く時間を増やし、スコアアップにつなげることができます。いかに時間をうまく使うかが重要になる入試問題の解答にはぴったりのシャープペンシルといえます。

今回はHBの芯が入っているタイプを５名さまにプレゼントします。ぜひ入試や検定に向けた問題演習に役立ててくださいね。

5名さまに

解いてすっきり

パズルでひといき

今月号の問題

ダーツ

A、B、C、Dの４人が、下の図のような的にダーツを４本ずつ投げて、刺さった場所の数字が得点になるゲームをしました。この結果について次の①～⑤のことがわかっているとき、４人が投げた計16本のダーツのうち、13点の場所に刺さったダーツは全部で何本あったかを答えてください。

① ４人の投げたダーツはすべて的に刺さった。

② Aの投げたダーツは同じ点数の場所に２本刺さり、ほかの２本は点数の異なる２つの場所に刺さった。

③ Bの投げたダーツも同じ点数の場所に2本刺さり、ほかの2本は点数の異なる2つの場所に刺さった。

④ C、Dのうち、１人は同じ点数の場所に３本刺さり、もう１人は４本とも点数の異なる場所に刺さった。

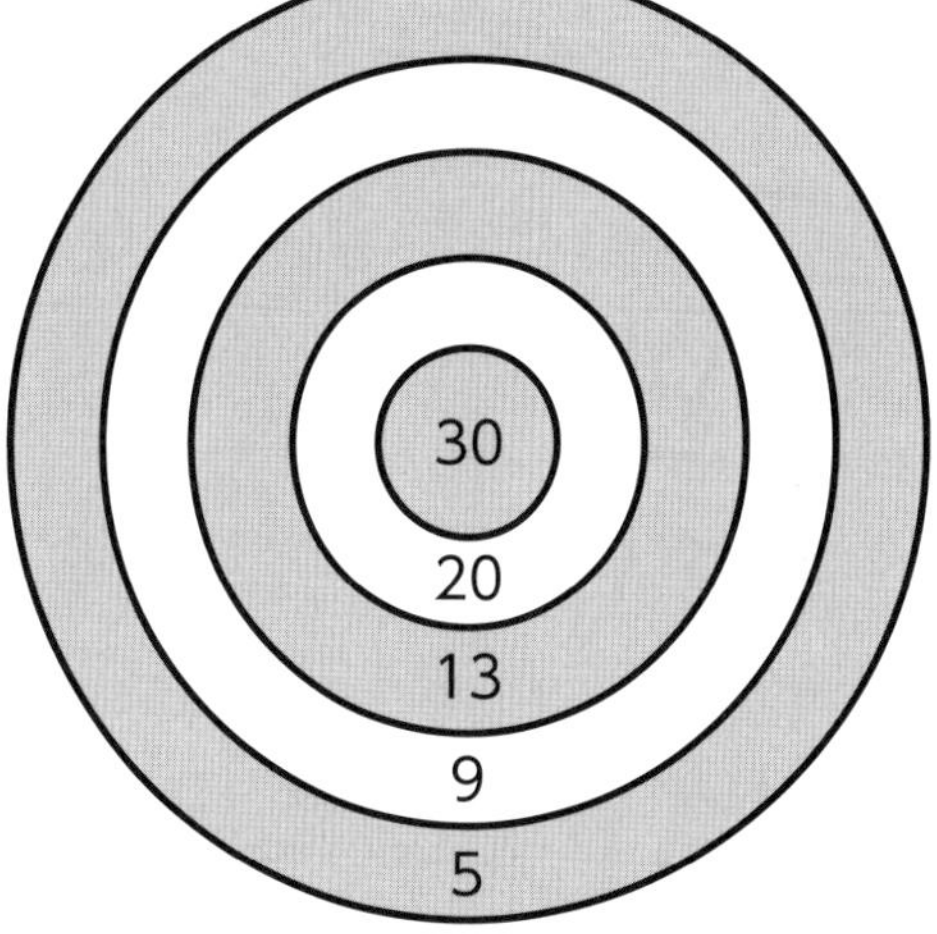

⑤ 総得点を計算すると、Aが62点、Bが76点、Cが40点、Dが47点だった。

応募方法

下のQRコードまたは104ページからご応募ください。

◎正解者のなかから抽選で５名の方に右の「マークシートシャープペンシル」をプレゼントいたします。

◎当選者の発表は本誌2021年４月号誌上の予定です。

◎応募締切日 2020年12月15日

8月号パズル当選者（全応募者24名）

志水　結衣さん（中３・東京都）
白土　岳琉さん（小５・神奈川県）
髙田　あゆ子さん（中１・埼玉県）
千葉　公介さん（中２・東京都）

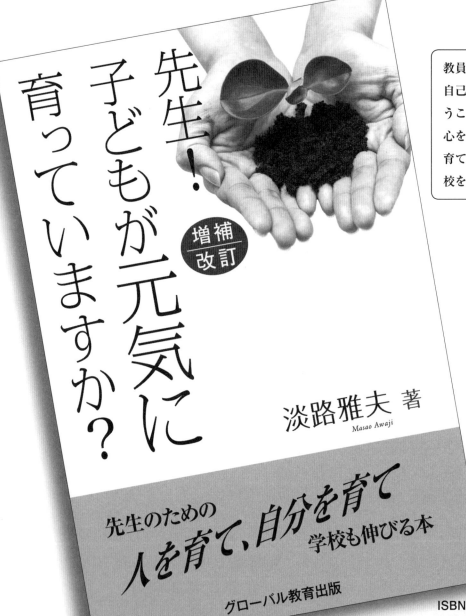

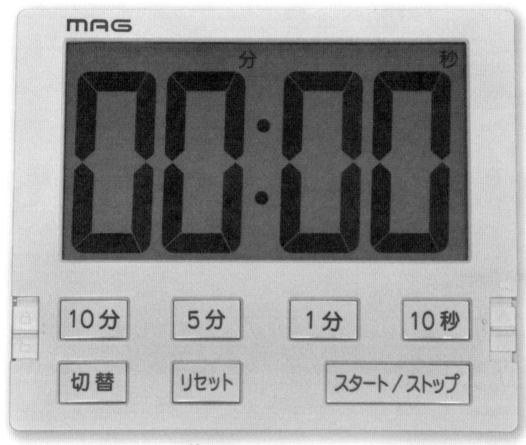

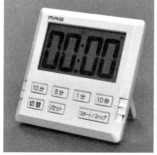

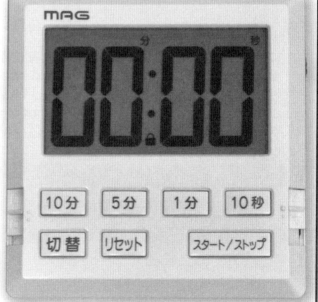

読者が作る

おたよりの森

テーマ

勉強のコツ【英語】

とにかく話す！ あとは、**英語でしりとりをする！** 楽しいのに語彙《ごい》やスペリングも身につくのでおすすめです。
（中２・おなもみさん）

洋楽を聞くようになって、歌詞の意味を調べるうちに、単語を覚えられるようになった。
（中３・A.R.さん）

インターネットの**自動翻訳機能**を使って、英語のホームページを日本語に訳して読んだあと、英語に戻してもう１回読んでいます。
（中３・ぐるぐさん）

友人と単語帳のなかから**クイズを出しあって**います。ゲーム感覚で覚えられるから楽しいです。
（中２・スイミーさん）

書けても話せないとダメだと思って、休み時間に**ネイティブの先生に話しかけて**みました。最初は緊張したけど、慣れると緊張もしなくなるし、英会話力もついてきた気がするのでおすすめです。
（中２・VVVVさん）

家で勉強するときは**声に出して英文を読んで**います。記憶に残るし、発音問題に強くなりました！
（中３・なぎちゃんさん）

テーマ

なんでも！ 苦手克服体験談

歴史が苦手でしたが、あるドラマを見て昔の人の様々な苦労を知ってから、歴史を勉強するのはとても意味のあることだと感じて、勉強にも力を入れるようになりました。いまは得意科目の１つです。
（中３・Y.D.さん）

ナスが嫌いだったんです。でも、友だちの家で麻婆《マーボー》ナスを出されて、食べないわけにいかず…食べてみたらおいしくて大好きになりました！
（中２・まーぼーさん）

数学はとにかく問題数をこなすことです。いやいやながら毎日問題を解いていたら身体に解き方がしみついてきた気がします。
（中２・解くんだZさん）

人前で話すのが得意ではなかったのですが、あえてクラス委員に立候補して経験を積んだら、緊張することなく話せるようになりました！
（中３・M.A.さん）

テーマ

毎日のルーティーン

朝にシャワーを浴びる。シャワーを浴びることで、スッキリし、朝の学習に集中できます。
（中１・T-K-Y-Yさん）

今年から**日記をつける**ようになりました。全部のページを書き終えてから見返すのが楽しみです！
（中１・えるこさん）

祖父とラジオ体操。祖父が毎朝ラジオ体操をしていて、一度いっしょにやったら習慣になりました。
（中３・たろさん）

夜寝る前に、その日の勉強でわからなかったことを**ノートに書いて**忘れないようにしています。
（中３・半熟目玉焼きさん）

毎朝**ゴンタの散歩**に行く。ゴンタというのは愛犬です！ 受験勉強のいい気分転換にもなっています！
（中３・ゴンゴンさん）

筋トレです。身体を軽く動かしたりするだけで、頭もスッキリするし集中力があがる気がする。
（中３・はんなさん）

必須記入事項

名前／ペンネーム／学年／郵便番号／住所／本誌をお読みになっての感想／投稿テーマ／投稿内容

右のQRコードからケータイ・スマホでどしどしお寄せください！
住所・氏名は正しく記入してください

Present!! 掲載された方には抽選で３名に**図書カード**をお届けします！（500円相当）

募集中のテーマ

2021年の抱負
最近できるようになったこと
勉強のコツ【社会】

応募〆切2020年12月15日

ここから応募してね！

ケータイ・スマホから上のQRコードを読み取って応募してください。

掲載にあたり一部文章を整理することもございます。個人情報については、図書カードのお届けにのみ使用し、その他の目的では使用いたしません。

夢が広がる高校選びの情報満載！

Success15

12月号

表紙：東京学芸大学附属高等学校

FROM EDITORS 編集室から

入試本番までもう少しですね。 受験生のみなさんは体調を崩さないようにしながら、ラストスパートをかけて頑張ってください。

さて、今月号の特集１は、コロナ禍のなか迎える今年度の入試について取り上げました。新型コロナウイルス感染症が入試におよぼす影響や、受験に向けての心がまえなどをお伝えしています。受験生必読です。

２つ目の特集はお城博士である加藤さんの貴重なお話をもとに、城の魅力を多様な観点からご紹介しました。なかでも私が驚いたのは、城が建てられた時代や理由によって様々な種類があるということでした。みなさんにも城の魅力を感じてもらえたら嬉しいです。　（H）

Next Issue　2月号

Special 1

もうすぐ本番！ 入試直前必勝ガイド

Special 2

なにができる？　どこまでできる？ ロボット技術の現在と未来

Special School Selection

公立高校WATCHING

突撃スクールレポート

研究室にズームイン

※特集内容および掲載校は変更されることがあります。

Information

『サクセス15』は全国の書店にてお買い求めいただけますが、万が一、書店店頭に見当たらない場合は、書店にてご注文いただくか、弊社販売部、もしくはホームページ（104ページ下記参照）よりご注文ください。送料弊社負担にてお送りします。定期購読をご希望いただく場合も、上記と同様の方法でご連絡ください。

Opinion, Impression & ETC

本誌をお読みになられてのご感想・ご意見・ご提言などがありましたら、104ページ下記のあて先より、ぜひ当編集室までお声をお寄せください。また、「こんな記事が読みたい」というご要望や、「こういうときはどうしたらいいの」といったご質問などもお待ちしております。今後の参考にさせていただきますので、よろしくお願いいたします。

サクセス編集室 お問い合わせ先

TEL : 03-5939-7928　FAX : 03-3253-5945

今後の発行予定

2021年1月15日 2021年2月号	2021年7月15日 2021年8月号
2021年3月15日 2021年4月号	2021年8月15日 2021年 夏・増刊号
2021年5月17日 2021年6月号	2021年9月15日 2021年10月号

FAX送信用紙

※封書での郵送時にもコピーしてご使用ください。

99ページ「ダーツ」の答え

氏名　　　　　　　　　　　学年

住所（〒　　　－　　　　）

電話番号

（　　　　　　　）

現在、塾に

通っている　・　通っていない

通っている場合

塾名

（校舎名　　　　　　　）

面白かった記事には○を、つまらなかった記事には×をそれぞれ３つずつ（　）内にご記入ください。

- （　）04「with コロナ」で迎える高校入試
- （　）08「with コロナ」のなかで高校に進む君たちへ
- （　）13 見るだけじゃもったいない！見どころ満載の「城」をもっと楽しもう！
- （　）22 Special School Selection 東京学芸大学附属高等学校
- （　）28 公立高校WATCHING 東京都立青山高等学校
- （　）34 受験生のための明日へのトビラ
- （　）36 突撃スクールレポート 錦城高等学校
- （　）38 スクペディア 日本大学第三高等学校
- （　）39 スクペディア 文京学院大学女子高等学校
- （　）40 スクペディア 駿台学園高等学校
- （　）41 スクペディア 神田女学園高等学校
- （　）46 入学願書は志望校への思いを込めて
- （　）54 ニューシ速報！
- （　）56 高校受験質問箱
- （　）60 レッツトライ！　入試問題
- （　）62 中学生の未来のために！大学入試ここがポイント
- （　）65 東大入試突破への現代文の習慣
- （　）68 大学受験　基本のキ　英語編　国語編
- （　）70 こちら東大はろくま情報局
- （　）72 キャンパスデイズ十人十色
- （　）74 研究室にズームイン　東京理科大学　木村真一教授
- （　）83 ちょっと得する読むサプリメント
- （　）84 マナビー先生の最先端科学ナビ
- （　）86 中学生のための経済学
- （　）87 ピックアップニュース！
- （　）88 名字の豆知識
- （　）90 ミステリーハンターＱのタイムスリップ歴史塾
- （　）91 サクセス映画館
- （　）92 数学ランドへようこそ
- （　）96 サクセス印のなるほどコラム
- （　）97 Success Book Review
- （　）98 解いてすっきりパズルでひといき
- （　）102 読者が作る　おたよりの森

FAX.03-3253-5945　FAX番号をお間違えのないようお確かめください

サクセス15の感想

高校受験ガイドブック2020 12　Success15

発　行：2020年11月16日 初版第一刷発行
発行所：株式会社グローバル教育出版　〒101-0047 東京都千代田区内神田2-5-2 信交会ビル3F
ＴＥＬ：03-3253-5944
ＦＡＸ：03-3253-5945
Ｈ　Ｐ：http://success.waseda-ac.net/
e-mail：success15@g-ap.com

郵便振替口座番号：00130-3-779535
編　　集：サクセス編集室
編集協力：株式会社 早稲田アカデミー

【個人情報利用目的】ご記入いただいた個人情報は、プレゼントの発送およびアンケート調査の結果集計に利用させていただきます。